CHANEL
PRADA
MILANO
GUCCI
BURBERRY
LONDON
VERSACE
Cartier
HERMES
PARIS
LOUIS VUITTON
EMPORIO ARMANI
TIFFANY & Co.
Ω
OMEGA

Oceania
Europe Asia

良卷文化 编著

全球扫货之旅

Africa
America

重庆大学出版社

内容提要

　　如何能在陌生的国度和城市里游刃有余地寻找到心仪的名牌？如何才能用更低的价格血拼到底？本书既是一本实用的购物资讯书，又是一本贴心的扫货攻略书，让您能够感受路易威登、香奈儿等一线奢侈品牌的高端与大气；能够体味南非钻石和奥地利施华洛世奇的璀璨夺目；能够执着日本和服和印度纱丽的婉约端庄；能够沉醉哈瓦那雪茄诱人的芬芳醇香……阅读本书，让您能够轻松购物，快乐出行。

图书在版编目（CIP）数据

全球扫货之旅/良卷文化编著 . —重庆：重庆
大学出版社，2015. 6
ISBN 978－7－5624－8763－0

Ⅰ . ①全… 　Ⅱ . ①良… 　Ⅲ . ①商品—选购—世界
Ⅳ. ①F76

中国版本图书馆CIP数据核字（2015）第001164号

全球扫货之旅

良卷文化　编著

责任编辑：沈　静　　版式设计：邹胜利　沈　静
责任校对：谢　芳　　责任印制：赵　晟

*

重庆大学出版社出版发行
出版人：邓晓益
社址：重庆市沙坪坝区大学城西路21号
邮编：401331
电话：（023）88617190　88617185（中小学）
传真：（023）88617186　88617166
网址：http://www.cqup.com.cn
邮箱：fxk@cqup.com.cn（营销中心）
全国新华书店经销
重庆升光电力印务有限公司印刷

*

开本：787×1092　1/16　印张：18.75　字数：464千
2015年6月第1版　　2015年6月第1次印刷
ISBN 978－7－5624－8763－0　定价：58.00元

随着经济实力的增强，人们的生活品位也在不断提高。当今世界已经从不可跨越的天南地北，变为只要捏着一张小小的机票，就能对着地图指哪到哪的地球村时，我们似乎已经明白，出国购物，已经不再是一件高档而奢侈的事。或许你会惊叹路易威登、香奈儿、阿玛尼、古驰等一线奢侈品牌的高端与大气，或许你会赞美南非钻石和奥地利施华洛世奇的璀璨夺目，或许你会执着日本和服和印度纱丽的婉约端庄，或许你会沉醉哈瓦那雪茄诱人的芬芳醇香……只要你对购物充满热情，世界的大门就会为你敞开！

那么，作为初来乍到的菜鸟级 shopper，如何能在陌生的国度和城市里游刃有余地寻找到心仪的名牌？如何才能在各个商圈和购物村里漫步时尚？如何在购物的同时还能体会到各个国家的不同风情？如何才能用更低的价格血拼到底？

于是就有了这本《全球扫货之旅》。

这是一本很实用的购物资讯书。本书精选了全球五大洲、

30 个国家和地区，不仅详细列举了每个国家最具代表性、特色最鲜明的商品，而且对其著名的购物商圈作了细致地整理，大到名店街、购物中心，小到深入街巷的特色商铺。每一张精美的图片，每一句翔实的文字，既能够让你在陌生的国度如鱼得水地购物，又能让你触摸到来自不同国家的文化与回忆。

这是一本很贴心的扫货攻略书。特别搜集了针对不同购物中心、百货大楼甚至是街边特色店铺的扫货技巧和扫货秘籍，让你能够预先了解不同国家和城市的促销打折、免税退税信息，以及各种实用小贴士，让你能够轻松购物，快乐出行。

本书作者为周瑾、邹胜利、王锐、曹娟、刘睿欣、殷勤、沙晓云、李曦、罗凯旋、肖庆、张琛、张跃媛、刘丹妮、向琴、朱伶俐，他们中有热爱出国自助游的旅行达人，有钟情于购物扫货的时尚女郎，正是有了他们，才有了这本美丽的书籍。

目录

Contents

Chapter1　001 欧洲

I

Chapter2 120 亚洲

Chapter3 225 美洲

Chapter4　261 非 洲

Chapter5　277 大 洋 洲

第 1 章 Chapter1

欧 洲

传承文艺复兴的优雅与浪漫，

让这片土地弥漫着别样的多情色彩。

这里拥有无数世界一流的名牌，

来自法国的香奈儿、路易威登、迪奥，

来自意大利的古驰、阿玛尼、范思哲……

当你想要与它们一亲芳泽，

那么巴黎香榭丽舍，

伦敦牛津街，

罗马鲜花广场一定是不错的选择。

英国

特色商品

NO.1

茄士咩羊毛

英 国生长着一种耐寒的山羊，这种山羊一年仅产 70 克羊绒，十分轻软，叫作"茄士咩"，又叫 Kashmir，也被称为"软黄金"。用这种羊绒制作的茄士咩毛衣，保暖性很好，而且携带方便，易于折叠，在冬季会让你觉得软而薄，着装后不臃肿。

Kashmir

购买地点 New Bond Road 36, Old Town, Edinburgh.

苏格兰短裙

苏格兰围巾

NO.2

苏格兰围巾、短裙

苏 格兰的围巾和短裙是国家的象征，它设计简单，不容易过时，简朴中带有低调的奢华，可以设计男女同款，也可以设计全家成套的款式，因此在当地备受欢迎。现在苏格兰的围巾和短裙的款式与花色已经流传到各国，但苏格兰本地的商品最能体现原汁原味"格子风"，不管是自己使用，还是赠送长辈或朋友都是不错的选择。

购买地点 New Bond Road 36, Old Town, Edinburgh.

diesel

Jack wills

reiss

NO.3
品牌时装

英 国有很多品牌时装，比如 Brand Families（品牌世家）男装十分出色，做工精良，设计简约，Primark 的各种基本款式很经典，质量也不错，很耐穿；Diesel 牛仔裤穿着舒适，十分耐看，而且耐旧耐脏，修身款式受到亚洲客户的喜爱；Reiss 的礼服是王妃最喜欢的服装，小礼服也适宜酒会或者舞会穿着；Jack Wills 质量很好，适合多数人的打扮，也是游客乐于购买的品牌。

NO.4
皮革制品

英 国的皮革制品世界闻名，其稳重的造型和优秀的质地深受游客喜爱。英伦风尚的钱包、皮带、皮包表现脱俗的绅士气质，皮鞋也带有中规中矩的男性魅力，女性的皮革制品（如大衣或者女士靴子）都是游客喜爱的商品，主要品牌为斯特拉·麦卡特尼（Stella McCartney）、斯迈森（Smythson）、HEDEBIES、登喜路（Dunhill）等。

购买地点 Westfield London，Ariel Way London.

Stella McCartney

HEDEBIES

Smythson

Dunhill

The Body Shop

Lush

NO.5

护肤品

英 国的护理品品牌多、质量好，长期使用能改善皮肤的外观和功能，是游客乐于购买的商品。英国国民品牌 The Body Shop、天然有机产品 Neal's Yard Remedies、无添加剂但香气扑鼻的 Lush 都是不错的选择，礼盒包装的护理品不仅包装精美，且价钱实惠。

Neal's Yard Remedies

购买地点 Oxfordshire Bicester Village，London.

NO.6

精油、香水

英 国香薰萃取技术是世界上数一数二的，制作的特殊的薰衣草精油已成为英国大众消费者的宠儿。英国精油不仅可以舒缓疲劳，还可以祛斑美白、清热解毒，制作成的精油香皂、按摩膏等物品也是女性经常使用的皮肤护理系列，主要品牌为 T 牌、Sp。时尚香水如 Burberry Body，香味独特纯度高，礼盒包装也十分尊贵。

购买地点 320 Oxford Street，London；400 Oxford Street，London.

bh

sp

T 牌

Burberry Body

NO.7
果 酱

柑 橘果酱是苏格兰人平时最爱的食品之一，它用柑橘或柠檬制成，还可以添加其他水果，直接食用有浓郁的果香。早在 16 世纪，美味的柑橘果酱就被涂抹在烤面包片上，在早餐和下午茶的时候食用。英国的果酱不仅可以用柑橘制作而成，也可以用菠萝或者草莓制作而成，主要品牌为 A0320–25 或 Amelia's。

购买地点 Princes Street, Edinburgh.

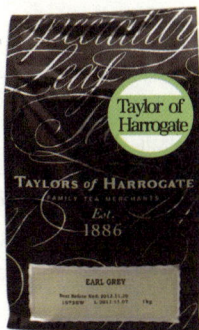

Amelia's

NO.8
红 茶

英 国伯爵红茶已成为今天市场上最流行的红茶之一，加入佛手柑油或橘子皮后不仅可以清热润喉，而且带有浓厚的香味，当地盛行的下午茶往往冲泡的就是红茶。除此之外，伯爵红茶、英国早餐茶、果香茶、白毫红茶、锡兰红茶等都是当地人喜爱的美味，80% 的英国人都会经常饮用红茶，主要品牌为 PG Tips, Taylor of Harrogate, Twinings, Fortune & Mason 等。

购买地点 231 Baker Street, London.

PG Tips

Taylor of Harrogate

Twining

NO.9
巧克力

巧 克力制作技术在英国已流行多年，巧克力品牌众多，好吃又便宜的 Cadbury（吉百利）、大众口味的 Thorntons（桑顿）、口感良好的 Rococo 等令人目不暇接。不管你是想吃味淡的、浓郁的，还是带果仁的、加牛奶的，都有很多口味，这里简直就是巧克力的天堂。

购买地点 Portobello Road, London.

Cadbury

Rococo

Thorntons

麦卡伦

芝华士

百利甜

格兰威特

NO.10

酒 类

苏 格兰酒因其极为严格的酿造工艺而享有"液体黄金"之称。以苏格兰调和威士忌构成的皇家礼炮是世界上最完美、最珍贵的酒品。雪利酒品种丰富，味道较淡，入口舒适，适合不太喜欢烈酒的人饮用。威士忌主要品牌为芝华士、百利甜、云顶、格兰威特、格兰菲迪、麦卡伦、百龄坛等，雪利酒品牌为Sherry。

购买地点 48 Princes Street，Edinburgh.

银茶具

NO.11

英国银器具

英 国银器具做工精美，质量上乘，设计复杂，多为传统的宫廷款式，以华丽细致的外观深受人们喜爱。在高档酒会和宴席上，银制的酒杯、酒壶、烛台、汤匙等都尽显了皇族的高雅，是不可或缺的餐具，而自己家里准备一套银器，更是招待客人的好帮手，让人在享受美味的同时，也享受一场视觉盛宴。

购买地点 Other Criteria，Edinburgh.

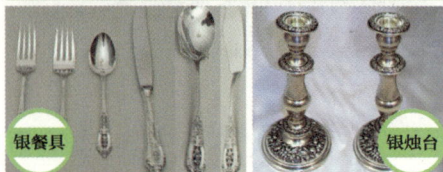

银餐具

银烛台

NO.12

威治活陶瓷器

威 治活陶瓷器产品强韧耐用，四只威治活陶瓷咖啡杯可承载重达 50 吨的运土车，其坚韧度让世界惊叹。威治活陶瓷器不用担心意外会将它震碎，它是一种可以长期保存的纪念品，陶瓷器皿造型也简朴美观，能够长期使用，不会过时。

购买地点 30-34 St Andrew Square，Edinburgh.

威治活陶瓷器

NO.13

塔桥积木

塔桥积木是根据高310米的夏德伦敦桥大厦设计的一款拼接积木，各种特殊的几何图案能够组成任何你想要的图形，可以很好地训练几何感知和空间思维能力。乐高伦敦塔桥套装内有4287块积木，充分考验着人们的耐心和创造力，它足以让你开心又益智地玩儿上4天，和孩子一起玩儿还能增进你们的感情呢！

购买地点 126 Regent, London.

NO.14

烟斗

英国优质手工烟斗做工考究，品质出类拔萃，材料为250年以上的石楠木根，做成后需要在凉棚内干燥半年才能使用。英国烟斗是绅士风度的象征，虽然现在很多人已经不吸烟了，但是对烟斗的热爱却丝毫没有停止过。

购买地点 54 High Street, Old Town, Edinburgh.

NO.15

传统纪念品

英国街道的店铺里，几乎都摆放着印着英国米字图样的国旗、衣服、茶杯、盘子甚至是玩偶，处处透着英伦风。英国纪念币采用独特的浮雕制作技术，小小的纪念币上设计精美，花纹独特，可作纪念品。

购买地点 186 Regent, London.

　　烤牛排、多佛尔鲽鱼、牛肉馅饼、炸鱼、炸马铃薯条、康沃尔馅饼、约克郡布丁、威尔士兔子、威士忌、地中海沙拉、蒜香面包等都是英国人喜爱的食物，在伦敦的Nando's连锁餐厅、伦敦王子街附近的Prestonfield餐厅和位于摄政街中国城附近的Aqua Nueva等都可以品尝到这些美味。

扫货地点

NO.1 牛津街和摄政街

牛津街和摄政街是伦敦首屈一指的两条购物街，云集了300多家大型商场。世界知名品牌和英伦本土品牌，无论是中等价位的 Next，Gap 还是顶级名牌 Selfridges，都别具风格，让人过目难忘。英式周到的服务也让人温暖舒适。Harrods 和 Selfridges 的折扣很多，价钱很划算。

地 址 伦敦西区购物中心。

交 通 乘坐伦敦旅客中心提供的免费车辆可以到达伦敦西区，下车后步行即到；乘坐城市地铁到 Knightsbridge 站出站，随着人流走即可。

扫货技巧 牛津街的商品相对平价，而摄政街则汇集了世界上顶级品牌和奢侈商品，大部分商店都可使用银联卡，但有退税标志的商家会收取退税额 2%~7% 的手续费。世界上最大的玩具店 hamleys02 有很多可爱的玩具，而欧洲最大的苹果店也在这里。

NO.2 比斯特购物村

比斯特购物村是伦敦周围最大的购物村，这里人气旺盛，交通发达，距离伦敦仅 1 个多小时的车程。这里云集了世界各地的品牌，Burberry 或 Mulberry 的服装备受游客欢迎。旅行团、观光团、购物团也很喜欢到这里来扫货。

地 址 50 Pingle Drive，Bicester，London.

交 通 下飞机后从 Marylebone 车站乘坐火车到 Bicester North Station 下车，车站有小 bus 直达。

联系电话 0044-020-923200

营业时间 周日至周五 10：00—18：00，周六 10：00—19：00，圣诞节停业。

官方网站 http://www.bicestervillage.com/Bicester/home.asp

扫货技巧 这里服装打折很多，多以女装为主。服务员较少，很多款式的尺码需要自己在货架上寻找。购物旺季时，这里较小的尺码几乎没有，女鞋低于 40 码的往往缺货。若淡季去，可以选到很多心爱的服装和鞋包。

NO.3 哈罗德百货公司

哈罗德百货公司是伦敦最著名和最高级的百货公司，包罗着世界各地的奢侈品，连迈克尔·杰克逊这样的天王巨星，都十分流连这里的购物环境。商场装修是典型的阿拉伯风格，现在还保留着螺旋楼梯，其历史已经有 150 年。

地址 87-135 Brompton Road Knightsbridge, London.

交通 乘地铁 Piccadilly 线在 Knightsbridge 站下可到，或乘公交 C1 线至 Harrods 站下，步行 2 分钟可到。

联系电话 0044-020-7301234

营业时间 周一到周六 10：00—20：00，周日 11：30—18：00。

官方网站 http：//www.harrods.com

扫货技巧 商场内有 330 个销售部门，禁止拍照，禁止携带背包（可存包）和宠物。货品售价昂贵，但圣诞节有很多特价活动。商场内大量的商品都未标价，需向服务员询问。地下一层有纪念戴安娜和杜迪的纪念堂。

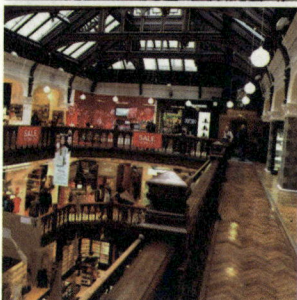

NO.4 Jenners

很少能有百货公司将奢侈品和特色品牌融合起来，Jenners 就做到了。出售高档服装及百货的 Jenners 被称作为"百货公司中的贵族"。这里不仅有男装、女装、美容产品和家庭用品专卖店，还可买到苏格兰羊毛制品。

地址 48 Princes Street, Edinburgh.

交通 英国苏格兰爱丁堡城区内，最好步行前往。

联系电话 0044-131-2252242

营业时间 周一至周三 10：00—19：00，周四 10：00—20：00，周五 9：30—19：00，周六 9：00—19：00，周日 11：00—18：30。

官方网站 http：//www.jenners.com

扫货技巧 Jenners 的物价水平绝对非常的"国际化"，但价格不菲，所以在购物前要作好充分的准备。但在 Jenners 本地购物会比其他国家便宜，且品质好，可放心购物。

NO.5 皇家一英里

从城堡的东坡起到圣十字王宫的皇家一英里大道，古色古香的建筑物沿街而设。街上的古董店、小店铺主要出售纪念品、饰物和古玩。还有不少小酒馆可以歇脚和看风景。

地　址 54 High Street，Old Town EH1 1TB，Edinburgh.

交　通 乘坐大巴到爱丁堡城，下车后步行即到。

联系电话 0044-131-5588887

扫货技巧 皇家一英里有很多特色商品店，英国特色的小商品应有尽有，同时也能购买高档的格子布料和披肩。此处购物各种价位都能"一网打尽"，但最好提前做好财物预算。部分商店只能付现金（英镑、欧元和美元），不能刷卡。

NO.6 Portobello Road

Portobello Road 位于诺丁山，是伦敦最大的复古集市和购物街。街旁林立着家居饰品、时装店还有古董店，周六的复古集市里还出售手工饰品、精致的家居和珍贵的旧书，露天集市里可以买到蔬菜水果。

地　址 Portobello Road，London.

交　通 乘地铁红线 Central Line、黄线 Circle Line、绿线 District Line 至诺丁山大门车站，下车后出门即可到达。

扫货技巧 Portobello Road 周六最热闹，出站后顺着人流走肯定能找到集市。此地商品多，尽可讨价还价，但所购买的商品没有免费包装物，需额外购买，最好自己准备一些手提袋。

NO.7 王子街

王子街的商店比较现代，多为新商店，这里多出售服装和苏格兰本土最著名的羊毛呢料服装。各种格纹装饰的服装和物品也是大家喜爱的款式。这里的手袋格纹款式也很多。

地 址 苏格兰爱丁堡王子街。

交 通 当地几乎所有的交通线路都经过王子街，但最好在9:30后出行，避免高峰，车费也便宜一些。购买全天通票后可无限量乘坐，票价约为2英镑。

扫货技巧 这里商店比较新，特色小店多。周围的岔路比较多，很多都很接近，若错过了购物机会就很难找回来，最好一边走一边用手机拍照，并作好路线记录，或携带指北针。自带的手机无法使用地图导航，可以去小报摊买一份地图进行方位标注。

NO.8 道格拉斯广场

爱丁堡有全英国最好的威士忌，道格拉斯广场上很多商家都出售各种威士忌，苏格兰人将威士忌誉为"生命之水"。广场上有很多促销活动，且很多威士忌可以免费品尝。这里的小吃也很棒。

地 址 苏格兰爱丁堡道格拉斯广场。

交 通 伦敦维多利亚长途车站有固定班车前往爱丁堡，车程10小时，车费38英镑，早晚两次班车前往，但最好选夜班车。下车后有免费巴士去广场，也可租车或自驾私家车前往。

扫货技巧 爱丁堡的道格拉斯广场集中了当地的著名专卖店，还有几个百货公司。有意思的是，这里的露天茶馆出售各种威士忌。这里简直就是威士忌的大本营，瓶装和灌装的威士忌很多，但如果自己品尝，最好选择可加冰的饮品。威士忌手提较重，最好携带背包。

扫货秘籍

英国的折扣季固定为每年两次，一次是夏季的6月底和7月之间，一次是在圣诞节前后1个月左右，两次折扣的力度都很大，不仅本土居民集中在这个季节购物，部分游客也会在这个时候跟团购物。值得注意的是，有的（比如受气候影响大的）商品，折扣是不一样的，冬装和夏装的折扣较大，而春装和秋装因为穿的时间比较长，卖的时间也比较长，因此折扣有限。

英国商品的折扣季节货品很丰富，不仅世界品牌折扣多，货品全，很多当地著名的品牌也会过来凑热闹。英镑贬值比较厉害，所以很多网站推出了代购业务，现在英国购买的 Gucci 在全球最为便宜，而部分 LV 系列也比法国本土更加便宜。

值得注意的是，很多专卖店特别是专门的品牌折扣店都有不少精品，但是货物鱼龙混杂需要自行选择。比如 Burberry 折扣店会将大商场下架的商品集中处理，价钱约为新品的三分之一，地址是在伦敦 E9 查塔姆街 29 号。

根据英国卫生与安全管理局针对托运行李最多重量的建议，英国航空公司只允许每件托运行李最多为 23 公斤，此项限制将作为免费行李配额的一部分。

英国的航空对行李的托运相对宽松，免费的行李为 23 公斤，尺寸为 190 厘米 ×75 厘米 ×65 厘米，相对别的国家会大很多。对液态的行李而言，超过 100 毫升的液体需要托运（部分化妆品比这个尺寸小，可以放入随身包中），酒类的检查很严格，不允许携带打火机。

法国

特色商品

NO.1

名牌时装

巴黎是时尚之都，这里汇集了各个大品牌的时装，款式新颖质量上乘，设计引导了时尚的潮流。部分品牌有 12% 的退税服务，主要品牌为 Montagut、YSL。

购买地点 老佛爷百货公司，40 Boulevard Haussmann，75009 Paris.

NO.2

法国织品

法国北部地区是机织花边最集中的地区，被称为"花边工场"，法国的日用织物品色泽艳丽，品种繁多也别具特色。将它们买回家装饰房间或制成衣服都不错，用花边和蕾丝做成的成品也不容错过。

购买地点 3bdrue Des Abbesses，75004 Paris.

NO.3

贝雷帽

贝雷帽是法国人最喜爱的帽子，几乎人手一个，男女同款，甚至连法国军方的军服都配搭着贝雷帽。贝雷帽款式简洁，多以经典的色彩为主，有情侣套装和家庭套装出售，为孩子设计的款式和花色也很多。

购买地点 巴黎春天百货店，64 Boulevard Haussmann，75009 Paris.

交　通 乘坐地铁 M3 线或 M9 线到 Havre-Caumartin 站下步行即可。

营业时间 周一至周六 9：35—20：00，周四 9：35—22：00，平时周日不营业，打折期间或圣诞节有的周日也营业。

联系电话 0033-01-42825787

网　址 http://www.departmentstoreparis.printemps.com

贝雷帽

Dior

NO.4

法国香水

法国的香水之城——格拉斯有着世界上香水种类最齐全的香水工厂和博物馆，游客可以亲眼感受制作香水的技术。当然，即使没办法去格拉斯也没关系，在巴黎也可以买到来自格拉斯所有款式的香水。主要的香水品牌为：香奈尔5号、美丽、欢沁、璀璨、兰蔻、狩猎远行、顶梁柱、天长地久、鸦片等。

购买地点 64 Boulevard Haussmann，75009 Paris.

香奈儿5号

兰蔻

 香皂

 洗发水

 身体乳

NO.5
薰衣草系列产品

提 到薰衣草，大多人都会联想到法国普罗旺斯。普罗旺斯的薰衣草系列产品世界闻名，无论是薰衣草香包、精油、香皂等，都是不可多得的自然系产品。它们不仅可以让你沐浴在芬芳中，还会为你的生活增添浪漫幻想，Lincel é 是市场份额最大的薰衣草品牌。

购买地点 35 Boulevard Haussmann, 75009 Paris, 普罗斯旺省的艾克斯 Richelme 广场跳蚤市场。

 Maille

NO.6
橄榄油

法 国橄榄油被誉为"液体黄金"，有极佳的天然保健功效。橄榄油的种类很多，纯度精良，可以用于烹饪，调制高档食材，也可以用于皮肤护理，在延缓皮肤衰老和保持皮肤的弹性等方面都有不俗的效果，主要为 Puget，Bertolli，Maille 三大品牌。

购买地点 6 Boulevard Haussmann, 75009 Paris.

NO.7
马赛肥皂

马 赛肥皂历史悠久，质地温和，以植物油为主要成分，运用传统方式制造，每块肥皂上都有印记。马赛肥皂坚持手工制造，工艺考究，制作一块传统马赛皂要几个星期时间。品牌 Ma Provence 被小资女性广为接受，马赛皂之家（La Maison du Savon de Marseille）是法国历史最悠久的手工肥皂品牌。

购买地点 巴黎春天百货店，64，Bd Haussmann, 75009 Paris.

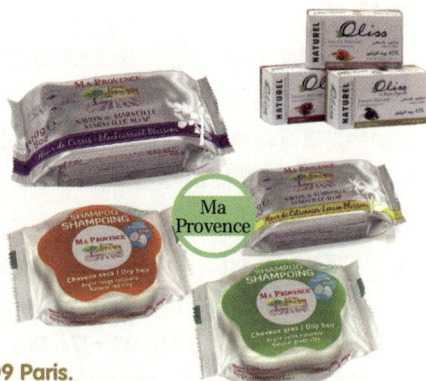 Ma Provence

NO.8

法国酒

法 国酒品种很多，无论是色泽、香气还是口感，都无与伦比。其中，波尔多红酒、白葡萄酒、人头马世界闻名，在酒窖里度过50年漫长岁月的"路易十三"，更被视为"人头马"中的极品。

购买地点 39 Rue Des Abbesses, 75018 Paris；53 Cours Mirabeau Richelme, Aix-en-Provence.

波尔多

白葡萄酒

人头马

NO.9

咖啡豆

法 国的咖啡豆独具特色，波尔多和勒阿佛是法国咖啡豆的贸易中心，汇集着不同种类和口味的咖啡豆。当地咖啡有很多口味，无论是自己品尝还是馈赠友人都是不错的选择，搭配甜点也很好吃。Camus（卡慕）是当地流行的品牌。

咖啡豆

购买地点 138-140 rue des Rosiers, 94300 St Ouen, Paris

交 通 乘地铁4号线至 Porte de Clignancourt 站下车步行即可。

营业时间 周一至周五 11：00—17：00，周六 9：00—18：00，周日 10：00—18：00。

网 址 http://www.marcheauxpuces-saintouen.com

埃菲尔铁塔模型

小泥人

NO.10
传统纪念品

巴 黎传统的纪念品五花八门，印有彩色"Paris"字样的扎啤杯、各种尺寸的埃菲尔铁塔模型、T恤衫、蒙马特尔神话人物等都是游客喜爱的纪念品，蒙马特尔和圣母院街边还有画家可以为你画肖像画，夏朗德拖鞋也是不可多得的好商品，普罗旺斯小泥人造型优美，备受游客喜爱。

购买地点 14 Rue Des Rosiers, 72005 Paris, 3 Rue De La Roquette, 72001 Paris, 普罗斯旺省的艾克斯 Richelme 广场跳蚤市场也有出售。

扎啤杯

鹅肝酱、红酒炖牛肉、诺曼底贻贝、蔬菜沙拉、马卡龙、帕尼尼、法式面包、法式三明治、菜肉浓汤、可丽饼等食物都是法国的传统美食，在巴黎市中心 Chez Leon de Bruxelles 餐厅、香榭丽舍大街靠近凯旋门处 Chez Clément Elysées 餐厅以及乔治五世大街 FcINDcl 餐厅可以吃到。

扫货地点

NO.1 老佛爷百货公司

占 地 68 000 平方米的巴黎老字号商场老佛爷百货公司，位于歌剧院后面，总店一共有三栋楼，分别为女装部、男装饰品部和家居部，汇聚世界顶级的珠宝首饰、皮件、名表、保养品、化妆品等，吸引着众多的顾客前来血拼。每周举行的时尚表演，中文指南更为服务加分，很多中国人前来购物。

地　址 40 Boulevard Haussmann, 75009 Paris.

交　通 乘坐地铁7号线或9号线，在老佛爷站（La-Fayette）下车后步行即到。

营业时间 周一至周三 9：30—20：00，周四 9：30—21：00，周五至周六 9：30—20：00。

联系电话 0033-01-42823640

网　址 http://www.galerieslafayette.com

扫货技巧 进店后需要领一张楼层分布图，然后去一楼的华人接待处领取购物打折券。商店出售各种奢侈品，如欧米茄、卡文·克莱、宝诗龙、施华洛世奇等，且这里退税十分便捷，可以直接在商场退税。信用卡退税率为12%，现金退税为10.8%，但每天17：30就不办理了，所以最好提前两个小时排队。若来不及退税，也可以通过机场的自助机器完成退税流程。

NO.2 香榭丽舍大道

香榭丽舍大道位于巴黎第八区，是巴黎的主干道，全程2500米，分为一段林荫道（700米）和一个商业区。它不仅是条美丽的街道，还是尊贵奢侈品的聚集地，它集巴黎市区的浪漫与流行于一身。在美丽的街道两侧，橱窗里摆满了名牌皮包、潮流服饰以及各种各样的精品，Dior，Louis Vuitton，Chloe 等高级品牌均在此街入驻，并且现在迪士尼、Zara，Gap，Mango 等价格不高的品牌也在这里出售。

地 址 Av. Des Champs-Elysees, Paris.

交 通 乘地铁1号线或9号线到富兰克林站步行即到。

扫货技巧 这里有全球顶级的奢侈品店，除了每年春季和冬季香榭丽舍大道会有打折活动外，每天都有各种促销活动，活动期间有很多免费的优惠券发放，不仅可以抽奖，而且可以获得各种返利和小礼物。

NO.3 圣·奥诺雷街

圣·奥诺雷街在18世纪曾是贵族街区，现在街面上都是密密麻麻的奢侈品店和古董店。丝巾专家爱马仕专卖店已在这里待了100多年，拥有了一个稳定且数量庞大的客户群。Colette 的时装、名鞋、书籍、小配件都很独特，如果耐心挑选，一定会找到最适合你的那款。

地 址 Rue Du Faubourg Saint-Honore, 75008 Paris.

交 通 乘地铁在 Saint-Philippe-du-Roule 站下步行即到。

扫货技巧 圣·奥诺雷街穿越的卢浮宫向北部延伸，整条街道几乎都是高级时装店。很多老店多出售奢侈品，价钱昂贵，部分店较拥挤，不能携带宠物入店，进店最好着装整齐。

NO.4 蒙田大道

蒙田大道汇集了大量的顶级奢侈品牌商品，Valentino，LV，Dior，Chanel，Calvin Klein，Gucci 等都在这里入驻。与巴亚尔街交叉处有独树一帜的 Chanel 世界旗舰店，蒙田大道也正是香港演员陈慧琳拍摄 Dior 化妆品广告的地方。

地 址 Avenue Montaigne，75008 Paris.

交 通 乘地铁 1 号线至 Champs-Elysees Clemenceau 站下后步行，或乘地铁 9 号线至 Franklind.Roosevelt 站下可到。

营业时间 10：00—19：00

扫货技巧 这里的商品往往都是顶级奢侈品，售价高昂，部分商品还需要持有护照限量购买。部分商店购买商品的时候还需要使用身份证复印件（便于退税），不要忘记提前准备一点复印件。

NO.5 Centre Commercial Nice Etoile

Centre Commercial NiceEtoile 是尼斯市一家很出名的百货店，虽然远离巴黎，却出售来自世界各地的顶级奢侈品。这里出售的奢侈品多为皮衣和皮鞋，部分高级皮包也很受游客欢迎，首饰也很不错。不少商场内的本土商品如当地的橄榄油、各种包装精美的糖果、礼品花、精油香皂、干花摆件、手工装饰品和布料制作的商品也很受游客欢迎。这里还出售男女服饰、个人护理用品、运动用品、电子产品等。

地 址 Nice Etoile，30 Av Jean Médecin，06000 Nice.

联系电话 0033-4-92173817

网 址 http://www.nicetoile.com

NO.6 布埃克斯街

位 于普罗旺斯省府埃克斯小城常住人口仅 15 万人，但是游客的数量却很多，当地还有几所大学，小城中活跃着各种颜色的青春面孔。各种别致的商店簇拥在步行街两旁，女装店很多，甚至有的商店出售的商品并不比巴黎逊色。

地 址 Cloth Akers Street，Aix-en-Provence.

扫货技巧 当地出售的服装款式很多，设计新颖，虽然是小城服装店，但却充满了都市风韵。服装多为明码标价，打折促销比较少，部分款式可以定制。

NO.7 Richelme 广场跳蚤市场

R ichelme 广场每天清晨都会开设农产品市场，蜂蜜、橄榄、薰衣草、羊奶干酪应有尽有。此地盛产薰衣草，以薰衣草为原料制作的肥皂、香料、化妆品、保健品应有尽有，让人目不暇接，价格也很实惠。

地 址 53 Cours Mirabeau Richelme，Aix-en-Provence.

交 通 在地铁站乘坐地铁 8 号线至 Aix-en-Provence 站下车，步行即到。

扫货技巧 农贸市场内有各种薰衣草产品出售，也有当地人出售的新鲜奶酪，味道鲜美可以试吃。法国人讲究礼貌，即使不买也要对他们的商品表示赞美，他们才会开心，并可给予一定的优惠。

NO.8 凡登广场

凡登广场位于普罗旺斯省府埃克斯小城，有着最优美的自然风光和最舒适的购物环境。位于市中心的凡登广场，被称为"最闪亮的珠宝箱"，在这里汇集着所有让消费者耳熟能详的珠宝大牌，漫步其间如同徜徉在珠宝的艺术殿堂。

地　址 Place Vendme，Aix-en-Provence.

交　通 在普罗旺斯乘坐地铁 La Rotonde 线到达。

扫货技巧 凡登广场的珠宝具有不可抵挡的诱惑力，但是如果你喜欢特别花哨的款式最好选择购买价格相对较低的品牌。法国的法律规定很严密，商家如果没有准确标注产品成分，就需要承担相应的法律责任。

NO.9 米拉波大道

米拉波大道位于埃克斯市中心，将城市"一分为二"，一半为原汁原味的老城，一半为新城。这里被称为世界上"最优美的大道"，绿树成荫，花团锦簇，环绕着戴高乐广场。精美的小杂货铺、甜品店和各种稀奇古怪的小商店掩映在法国梧桐的树荫里面，出售各种手工艺品，服装、家居、皮鞋等。

地　址 Mirabeau Avenue，Aix-en-Provence.

交　通 当地火车站附近有亚耳旅游咨询中心，随后可以步行前往，就在此附近。

扫货技巧 米拉波大道多以小商店为主，选择当地的甜品和巧克力一定不会错。部分甜品需要定制购买，须提前预约。

归类秘籍

法国购买的任何商品都含有增值税，这些会体现在商品的售价中。不过如果你所购买的商品不在当地使用就可以享受退还增值税的服务，需要凭借一定的手续办理退税，未满 15 周岁的儿童也享有上述权利（欧洲的部分国家认为 15 岁等同于成年待遇）。

欧洲有三个退税公司，分别为 GlobalBlue，PremierTaxFree 和 TaxRefundSPA，主要有现金、信用卡和旅行支票的退税方式，但是会收取一定的费用。如果你需要退税，不仅需要准备好相关手续，而且需要提前两个小时到达机场，高峰时候比较拥挤，等待的时间较长。

退税单写好后，应该携带商品去办理各种手续，办完后才能办理托运。因此，收拾行李之前最好用一个单独的箱子存放（外观不能破损），办好手续后再清理行李并准备登机。

因为旅行支票使用比较麻烦，所以最好不选择使用支票的方式。如果离境没有及时办理手续，也可以用邮寄的方式办理。部分百货公司实行会员制度，可以凭借会员编号请他们代为办理（需要准备护照、购物小票和会员卡）。

意大利

特色商品

Sportmax

Marella

Giorgio Armani

BOSS

NO.1

时 装

意 大利是时装的天堂，各大品牌服装都在这里占有一席之地，如果你是时装爱好者，不仅可以购买到昂贵的品牌时装，也可以淘到各种价格实惠的服装。米兰是世界四大时装之都之一，每天都会推出新款，定期举办的时装周往往有大型推广活动。商家服务都很周到，几乎所有的商店都提供试穿服务。意大利服装的主要品牌为 Sportmax、Marella、Giorgio Armani、Prada、Gucci、Salvatore Ferragamo、Diesel、Versace、Bottega Veneta、Givenchy、D&G 等。

购买地点 米兰市堤欧地大道（Croso G.Mateotti）上的 Marella 等专卖店。

Versace

Versace

Versace

Brandy Melville

Diesel

Diesel

Gucci

Gucci

Valentino

威尔萨斯

PRADA

Prada

NO.2
皮具系列

意 大利的皮具质量上乘，能做成各种生活用具，如烟盒、眼镜盒、钱包，它们是体现消费者品位的商品。当地的手工皮鞋设计简单明快，色彩优美，可以按照自己的爱好加工，和流水线生产的皮鞋差异很大。当地手工皮鞋虽价格不菲，但经久耐用。Gucci, Pierre Kangaroo, Valentino, Prada, Bottega Venefa, Givenchy, Fendi 等都是著名的皮革品牌。

购买地点 Via San Carpoforo 6, 20121, Milano.
联系电话 0039-02-2448263

Gucci

NO.3
蕾丝花边

意 大利有全世界做工最精美的蕾丝花边，成卷购买后可用来制作美丽的裙子和手工包袋，也能够做成发夹发卡或者丝巾扣等物品。这些精美的蝴蝶结花边，不仅能够享受手工 DIY 的乐趣，赠送女性朋友也是不错的选择，也可购买后自己制成服装，使得自己的服装更能体现出个性化的品位。

衣服

购买地点 Fabriano Boutique 小店，位于米兰市内的 Via Del Corso 59r.

饰品

鞋

NO.4

古董

罗马是一个历史悠久的城市，厚重的历史沉淀留下了各种古老的器皿，如各种瓷器、陶器、老家具、古绘画和老工艺品等，均含有配套的证书。罗马城区内有两条大道 Via Dei Coronari 和 Via Margutta 大街，周边很多商店都出售各种各样的古董，是淘宝的好去处。

购买地点 Centro Storico，00187，Rome.

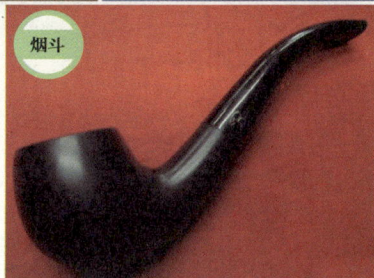

NO.5

威尼斯传统工艺品

威尼斯的面具制作历史悠久，款式很多，色彩艳丽，造型独特，均可按照顾客的要求定做。木偶纪念品看起来惟妙惟肖，活灵活现，小孩子很喜欢，微缩版本的家庭模型，马厩模型均受到年轻夫妇的喜爱。

购买地点 Nadine 小店，位于 Via Lungarno Acciaiuoli 22r，Firenze.

NO.6

玻璃制品

威　尼斯的玻璃制作工艺已有上千年历史，成品玻璃色彩艳丽，造型美观，玻璃杯款式很多，制作的玻璃摆件也十分精美。当地的餐桌上，用做招待客人的餐具往往由玻璃制作而成，可以用来盛装汤汁、酒水和饮料。用玻璃制作的服饰、纽扣、首饰盒等也很美观，塞维提（Salviati），Colleoni，Venini 等都是当地著名的品牌玻璃器皿。

Venini

购买地点 Via Solferino 9，20129，Milano.
联系电话 0039-041-9010664
网　址 http://www.e-gofashion.it

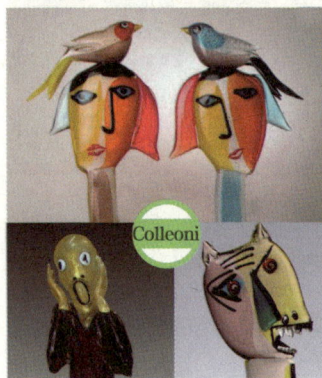

Colleoni

Salviati

NO.7

念珠及宗教工艺品

罗　马的宗教曾经势力很大，宗教在这个国度上盛极一时，直到现在依旧有很多虔诚的教徒。各种各样的念珠和油灯等宗教用品作为产业链终端商品在小店出售。这些小商品价钱便宜，做工精美，也能够祈求幸福生活的降临，是游客乐于购买的商品。

购买地点 Centro Storico，00187，Rome.

念珠

油灯

NO.8

法拉利纪念品

意大利著名跑车法拉利催生了以法拉利为原型的各种特色纪念品的产业链，跑车运动人气十足，而以法拉利为原型制作的各种纪念品也购销两旺，很多远道而来的消费者，都希望与法拉利汽车合影留念，并选购一些纪念品回去，相信法拉利一定也有不少的发烧友吧。

法拉利
纪念品

购买地点 米兰市地铁 1 号线和 3 号线的交会处 Duomo 广场小店。

NO.9

足球纪念品

足球纪
念品

意大利是足球的王国，作为一个痴迷足球的国度，足球运动的普及使得这里的大街小巷充满了狂热的球迷，和足球有关的纪念品更是多种多样。各种足球纪念礼品、足球服装和明星照片都很多，一定不要错过感受足球文化的机会。如果你选购几个钥匙链或者摆件回去送给球迷朋友，一定会让他欣喜若狂吧！

购买地点 米兰市地铁 1 号线和 3 号线的交会处 Duomo 广场小店。

披萨饼、意大利面、炒通心粉、乳酪饭、鸡肉饭、意式烙鱼、铁扒干贝、红焖牛仔肘子、意大利馅饼、墨鱼面等都是意大利人喜爱的美味，在米兰 Milano's 连锁餐厅、威尼斯圣马可广场附近的 Da Nico 餐馆、威尼斯里亚尔托广场的 Osteria al Milion 老酒吧均可品尝上述美味。

扫货地点

NO.1 罗马鲜花广场

罗马鲜花广场聚集了 Gucci、阿玛尼等大量时尚品牌的门店以及很多独具特色的小手工店，十分繁华。广场也出售各种鲜花、水果、饮料和酒类。

地 址	Piazza Campo Dè Fiori, Roma.
交 通	搭乘 64 号巴士可以到达 VittorioEmanuele Ⅱ 站，下车就是鲜花广场。
营业时间	星期一至星期六 7：00—14：00。
扫货技巧	鲜花广场早年是布鲁诺处以极刑的地方，15 世纪前就是罗马的中心地带，但是现在已经不是主要商业区了。集市出售各种特色小物，当地的酒水、饼干、巧克力和水果都很不错，特别是草莓和猕猴桃味道绝佳，Parmigiano 是当地奶酪，味道也很好。

NO.2 跳蚤市场

罗马最大的跳蚤市场位于波尔泰塞城门附近，是一个生机勃勃的露天市场，这里出售各种杂货纪念品，可以过去淘金，享受讨价还价的乐趣。这里有数不尽的手工品、生活用品和服装，但是工艺摆件是最具有特色的商品。

地 址	罗马城区波尔泰塞城门附近的几条老街，露天市场。
交 通	坐火车到 Tuscalana 火车站后换乘 8 路电车，在 Lppolito Nievo 下车即可。市场平时就是普通的街道。
营业时间	每周日 7：00—12：00。
扫货技巧	跳蚤市场是当地著名的露天市场，除了选购一些特色商品外，还可以选购一些当地的钱币或者邮票，这些东西价钱便宜，也具有纪念意义。一些二手商品也独具特色，如旧图书。

NO.3 Castel Romano Designer Outlet

Castel Romano Designer Outlet 距离罗马市区只有 10 公里，有 110 家商店，出售各个品牌的折扣商品，如 Levi's、Dolce&Gabbana、Diesel、Nike 等，全年都享受着各种折扣。因为价格上的优势，这里游客很多，交通也很方便。

地 址 Castel Romano Designer Outlet Via Del Ponte Di Piscina Cupa，64，00128 Roma.

交 通 可以在罗马 Termini 火车站 1 号站台的出口处乘坐，坐满即走。需要 40 分钟到达。车费为 13 欧元。

联系电话 0039-06-5050050

网 址 http://www.castelromano.mcarthurglen.it

营业时间 周一至周四 10：00—20：00，周五至周日 10：00—21：00。

扫货技巧 这里的品牌很多，但是奢侈品牌只有 Burberry 一家。购物城有免费的 Wifi 可以上网，同时门口还有很多巴士。Levi's 的牛仔裤等品牌价格十分便宜，不妨选购几条。

NO.4 La Rinascente

La Rinascente 是城区内最重要的综合性百货商店，出售当地特色的男女服装、运动装、珠宝、化妆品等，也有一些打折的品牌服装。相对而言，罗马的大商场并不是特别出众，但小店很有特色，让人难以忘怀。

地 址 Largo Chigi，17，Roma.

联系电话 0039-06-884123

网 址 http：//www.rinascente.it

营业时间 周一至周六 9：30—22：00，周日 10：30—20：00。

NO.5 米兰黄金四角区

米兰黄金四角区包含着蒙特阿波利街、圣安德烈街、史皮卡大道以及鲍格斯皮索大道，米兰最时尚的服装和店铺就集中在这里。LaRi-nascente 是意大利最大的百货公司，汇集着各个品牌的奢侈品。而米兰大教堂周围汇集了很多年轻人喜爱的品牌服装，售价相对便宜很多。Valentino，Gucci，Versace，Prada，Armani 等品牌的总部就设立在这里。

地 址 蒙特阿波利街、圣安德烈街、史皮卡大道以及鲍格斯皮索大道环绕处。

交 通 可以乘坐地铁 MM1号线或MM3号线至 Duomo 站下，步行即可，附近有米兰大教堂。步行街内禁止车辆进入。

营业时间 10：00—13：00（13：00—16：00 关门休息），大部分店周日休息。

扫货技巧 每年的两次打折季（3—5月）和（9—11月）是固定的打折季，旅馆和车票都比较难买，需要提前订购。相对而言，冬季的价钱最划算，但是很多来自南方的人不适应那里的气候。此地有很多咖啡馆，一定要在这里点一杯咖啡坐下来，慢慢阅读打折信息，一定会有不小的收获。

NO.6 埃马努埃莱二世长廊（Galleria Vittorio Emanuele II）

埃马努埃莱二世长廊位于米兰市中心，商场内有一个高大的顶棚，旁边有很多咖啡馆和服装店，顶上的玻璃天窗精致美丽。顶棚内有很多巧克力店、咖啡店、音响店和甜品店，还有很多高级的时装和皮鞋出售，位于2号的 Louvis Vuitton、5号的 Gucci、6号的 Prada 还有11号的 Versace 都是著名的品牌专卖店，也是人气最旺盛的地方。

地　址 Galleria Vittorio Emanuele II，Galleria Vittorio Emanuele II，20100 Milano.

交　通 乘坐地铁红线或者黄线到 Duomo 站，出站后就可看到长廊的顶盖。

联系电话 0039-02-77404343

扫货技巧 埃马努埃莱二世长廊四通八达，有很多长廊，各种高档品牌店密密麻麻地拥挤在一起，Louvis Vuitton 和 Prada 的专卖店很豪华，Gucci 货品很全，据说是全世界最便宜的地方。长廊内有法拉利专卖店。

NO.7 Mc Arthur Glen Outlet 城

这座位于米兰附近的小镇有200多家专卖店，Prada，Ferragamo，Diesel，Energie 的货品都很新，折扣较多。数量众多的小型 Outlet 出售的往往是大品牌的货品，很多款式都是绝版。

地　址 位于 Serravalle Scrivia 小镇上。

扫货技巧 此地有很多特价商品，在购物的时候一定要注意展示区域，价钱上能够有很多优惠。很多品牌的针织品都会打到3折，但是尺码普遍比较大（欧洲鞋码比亚洲鞋码大一个号，而且普遍胖一些，特别是休闲款）。

NO.8 Serravalle Designer Outlet

S erravalle Designer Outlet 距离米兰城区 100 公里，是欧洲规模最大的奥特莱斯，拥有 180 家折扣店，各种商品一应俱全。这里可以购买服饰、生活用具、休闲器材，鞋类，并且包具、化妆品也很多，Prada，Dolce&Gabbana，Ferragamo，Bvlgari，Versace，Swarovski，Calvin Klein 等品牌货品丰富。购物村远离城市，风景优美，交通便捷，吸引了很多游客前来购物。

地 址 Serravalle Designer Outlet，Via della moda，1，15069 Serravalle Scrivia（AL）.

交 通 如果乘坐火车前往，需要在米兰乘坐 Genoa line 到 Arquata Scrivia 车站下车，下车后可以在候车室门口乘坐 1 路或 4 路公交车，此地距离购物村将近 15 分钟的车程。如果乘坐汽车的话，需要早晨从米兰 ForoBonaparte 搭乘直通大巴，然后等 17：00 钟返程，车票为往返票，每天仅一班车。

营业时间 周一至周日 10：00—20：00，但圣诞节、复活节等节日不营业。

网 址 http：//mcarthurglen.it/serravalle

扫货技巧 这里本土和二线品牌非常多，价钱实惠，入口处就可以领取优惠券，购物村内也有不少的优惠券发放。退税需要在一家店内消费 155 欧元，而且需要去机场办理手续，这里没有办理点。Nike 和 Levi's 的款式很多，不妨多选购一些（尺码偏大，需试穿）。

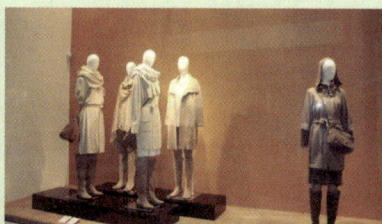

NO.9 TheMall 小镇

托 斯卡纳乡间最著名的 Outlet，是皮具生产的重要基地，汇集了很多意大利的品牌皮具，很多世界名牌皮具如 Gucci，Burberry，YSL 也在这里建立了生产基地。各种高档皮具应有尽有，在此处购买皮具能够挑选到自己喜欢的款式，小店可以按照客户要求定做。

地　址 佛罗伦萨城郊处。

交　通 有的旅行社组团包车前往，如果你持有国际驾照最好自驾前往。也可从 Firenze 坐火车到 Montevarchi，车程约 50 分钟，出站后搭乘出租车前往。

扫货技巧 意大利的火车不够准时，最好选择早班车去，到了商店需要排号才能进入，很多人都在抢购商品，最好先将商品选好再算折扣。

NO.10 Luisa via Roma

L uisa via Roma 面向全世界出售自己的产品，很多高级时装的设计师都以自己的作品能够进入到这家店为荣。这里可以选购任何一家商店都不能买到的新款服饰。三层楼面的货品琳琅满目，布局紧凑，货品可以任意挑选。

地　址 Via Roma 3，Florence.

交　通 Luisa via Roma 在佛罗伦萨很出名，最好乘出租车前往，该店在小巷子里面并不起眼，但是当地人都知道。

扫货技巧 很多著名的设计师在此推出新款，甚至很多服装的款式在巴黎和米兰还没上市，已经在此销售。这里的服装很多只有一件，不可退换。

归货秘籍

凡 是带有环球蓝联退税购物标志的商品均可享受退税待遇。退税单有 3 种颜色：白色、蓝色或者信用卡色。退税需要持有退税单，并且所需要的单据和实物最好同时放在一个筐子里，以便检查。退税需要扣除手续费。享受退税可以按旅客数量计算，但是低于 18 岁办理手续需要父母陪同办理。

意大利的税收比较高，纺织品、皮具、珠宝、太阳镜、葡萄酒、玻璃器皿、时装等商品税收高达 22%。最低退税起点为 154.94 欧元（同一天同一家商店购买），退税商品不能托运，需要旅客自行携带。

退税周期为 3 个月，可以登录网站进行查询（www.agenziadogane.gov.it）。如果用邮寄的方式来办理退税，需要使用专用退税信封，这样可以免去邮费，否则你将自己付费。挂号信均需要自费。

意大利航空的托运按照票价的不同规定不同的托运行李额度，比如头等舱 40 公斤，公务舱 30 公斤，经济舱 20 公斤。儿童如果购买了儿童票会有一定限度的免费行李，但是婴儿票没有行李额度。如果你购买的商品较重，特别是呈现出液态的商品（如葡萄酒或橄榄油），最好是走海运托运，旅馆的服务生可以帮助你办理托运业务，你乘坐飞机时只需要携带轻便的行李即可。

德国

特色商品

NO.1

随身皮具

德国的随身皮具包括硬币包、钱包、手袋、旅行袋、文具袋、眼镜袋等，做工精良，皮料良好，能够长时间使用，设计简约而不简单，充满了古典主义精巧细致的美感，也突出体现了人性化的实用设计。随身皮具可以按照客户的要求打孔或者填装标志，口碑不错的品牌有 Aigner，Gold Pfeil，Bree 等。

购买地点 FMG Flughafen Munchen GmbH, Nordallee 25, 85356 Munchen, Germany.

Gold Pfeil

Aigner

Bree

NO.2

BOSS 西服

BOSS 是德国著名奢侈品牌，其西装做工精致，多为传统经典款式，穿着舒适，适合大多数场合。在德国购买 BOSS 西装，价格比国内便宜很多，大部分西服为 279 欧元 1 套（约 2 500 元人民币）。此外，西服配套的领带、衬衣、腰带、领结等款式也很多。

购买地点 Quartier 206 百货公司，Friedrichstrasse 71, 10117 Berlin.

NO.3

皮肤护理用品

德国的护理品价廉物美，适合亚洲人的皮肤，妮维雅、小甘菊、芭乐、德国世家、花牌、Artdeco、德国女孩等品牌口碑都不错。亲民的价格和良好的护理效果使得前来的游客十分乐于购买这些商品，购买成套产品价钱更加划算。

购买地点 "REAL""PLUS""LIDL"三大连锁店在德国各大城市一共有3000家分店，均可购买。沃尔玛各大连锁店也有售。

德国世家

小甘菊

小甘菊

ARTDECO

芭乐

妮维雅

花牌

德国女孩

Leica

Minox

Linhof

Rollei

Praktica

Contax

NO.4

专业的摄影设备

德 国的摄影设备世界闻名，是摄影发烧友的最爱。德国的镜头质量好，能和各种品牌的相机兼容，取景效果极佳，拍摄的照片十分清晰。如果你是专业的摄影师，或是摄影器材发烧友，那么一定不要错过亲临德国选购摄影设备的契机。著名品牌有罗来（Rollei）、莱卡（Leica）、百佳（Praktica）、康泰时（Contax）、林好夫（Linhof）、米诺克斯（Minox）、蔡司伊康（Zeiss Ikoon）、福伦达（Voigtlander）。

购买地点 法兰克福机场候机大厅免税店。

NO.5

德国名表

德 国手表连锁店 Rene Kern 出售高档的德国名表，可以提供订购服务，款式齐全，均可刷卡和享受退税服务。著名品牌有朗格、格拉苏蒂、瑞宝、NOMOS 等。

NOMOS

格拉苏蒂

朗格

瑞宝

购买地点 FMG Flughafen Munchen GmbH, Nordallee 25, 85356 Munchen.

NO.6

户外系列

户外系列包括防水外套、速干系列、登山背包、登山用具等，德国的户外系列做工精致，经久耐用，多为简洁而经典的款式，其优越的产品性能，使得用户在沙地、积水、暴晒等气候恶劣的环境下得到很好的防护。德国的户外品牌 Jack Wolfskin 在全球销量很好。

购买地点 Galeries Lafayette, Friedrichstrasse 76–78, 10117 Berlin.

NO.7

钢笔

德国钢笔多采用了中性设计，做工严谨，分量较重，设计简洁，书写流畅。Pelikan 及 Mont Blanc 品牌的钢笔是一种身份的标志，不仅可以自己长期使用，也是馈赠亲人或朋友的好礼物。

购买地点 FMG Flughafen Munchen GmbH, Nordallee 25, 85356 Munchen.

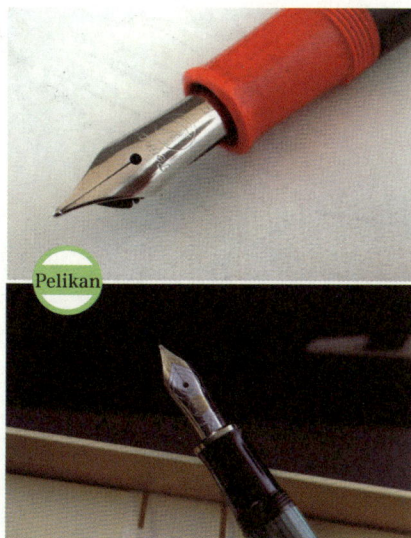

Pelikan

Mont Blanc

NO.8

德国刀具

德国刀具十分出名，刀具造型简约，锋利耐用，手握舒适。刀具款式很多，配套的打蛋器、压蒜器、磨刀棒都是你展示厨艺的好帮手。最著名的德国刀具品牌是双立人系列刀具。

购买地点 Hertie 百货公司, Zeil 90 City Frankfurt am Main, HES 60313, Berlin.

双立人

Fissler

WMF

NO.9

不锈钢餐具、锅具

德国餐具和锅具使用了一种特殊的不锈钢，烹调菜品味道绝佳，煮过的菜叶能长期保持绿色，适合制作西餐和西式点心。烤制锅具能够煎炸牛排、披萨、烤鱼和饼，锅具使用年限可以达到 20~30 年，有的甚至是终身使用，非常划算，其中，Fissler 和 WMF 最为出名。

购买地点 Hertie 百货公司, Zeil 90 City Frankfurt am Main, HES 60313, Berlin.

WMF

NO.10
传统纪念品系列

柏 林熊和传统的布谷鸟闹钟是德国经典纪念品，柏林熊的款式极多，几乎每周都在上新款，传统的经典款式也在不断再版。商场内、大街上、公园里……有很多可爱的柏林熊雕塑，可以合影留念。当地的布谷鸟闹钟也有很多精致的造型，如果能够将田园风格的闹钟挂在自己的卧室里，每天听着鸟叫起床一定是很温馨的事情吧！

购买地点 Karstadt 商场，Zeil 90 City Frankfurt am Main，HES 60313.

布谷鸟闹钟

柏林熊

啤酒

葡萄酒

NO.11
酒类（葡萄酒和啤酒）

德 国啤酒在世界范围内都很出名，葡萄酒也是声名远播。啤酒和葡萄酒在德国随处可见，商业区内往往是密密麻麻的小酒馆，各种灌装、瓶装和散装的酒类在超市和商场可以随意买到，几乎所有机场的免税店都有葡萄酒和啤酒出售。慕尼黑机场是世界上唯一有酿酒场的机场，出售的散装啤酒一杯只要三四欧元，还可以自行购买各种款式的啤酒杯，几乎所有的游客都乐于在此喝一杯。

购买地点 FMG Flughafen Munchen GmbH，Nordallee 25，85356 Munchen，Germany.

NO.12

德国香肠

德 国香肠种类繁多，切片、串状和管状香肠应有尽有，香肠的口味很多，而且有各种形状的包装，从家庭的大管（约 1 公斤）包装到手指大小的包装任你选择。农式香肠、巴亚白香肠、法兰克福小香肠都是其中的佼佼者，全真空的香肠可以托运回国。

购买地点 慕尼黑市谷物市场内出售。

交通 乘坐地铁 U3 号线或 U6 号线到达 Marienplatz 站，下车步行即可看见市场。

NO.13

营养制剂

德 国营养制剂的工艺水平高，提取物纯度高，质量稳定，市场较大，出售维生素、大蒜油、叶黄素、复合维生素等各种各样的产品，以胶囊、泡腾片、营养片剂等形态为主，液体较少，便于携带，也可以办理托运。营养制剂是非处方药，可以自由购买。

购买地点 柏林 Rossmann 和 Schlecke 连锁专卖，城区的主要街道上均有。

咸猪手、德式姜饼、豌豆瓣泥汤、苹果焖猪肉、德式酸菜、巴伐利亚白香肠、面饼丝等食物是德国的传统美食，在法兰克福机场餐馆、慕尼黑市中心的奥古斯汀酒窖啤酒花园餐厅、柏林库达姆大街的"记忆餐厅"（空中餐厅）都能享受到。

扫货地点

NO.1 老佛爷百货

柏 林老佛爷百货是商品价位比较高，历史也比较悠久的百货公司。百货公司装修十分漂亮，橱窗是美丽的风景，销售人员每天都会更换橱窗。这里有大量来自世界各地的品牌，一楼出售高级化妆品和首饰，而楼上的楼层出售品牌女装和男装，顶楼有一个很大的折扣卖场，有很多打折的服装出售，价格实惠。Alberto Fermani，Barbour，Bottega Veneta，Diesel 等都有不俗的销售业绩。

地 址 Galeries Lafayette，Friedrichstrasse 76-78，10117 Berlin.

交 通 乘地铁 U6 号线到 Frazoesisone Strasse 站下车，步行即可；乘公交巴士 147 线到 Frazoesisone Strasse 站下车步行；机场线 Unter den Linden–FriedrichstraBe 快速公交直达。

联系电话 0049-30-209480

营业时间 周一至周六 10：00—20：00，周日休息。

网 址 http：//www.galerieslafayette.de

NO.2 Quartier 206 百货公司

柏 林 Quartier 206 百货公司拥有世界上顶级的化妆品柜台、时尚屋和珠宝专柜。只有两层楼高，各大品牌在这里竞相销售，十分引人注目，绝对是一场奢侈品的盛宴。Tom Ford，Van Cleef & Arpels，Gucci，Armani，Marc Jacobs，Strenesse 等奢侈品牌入驻其中，部分品牌甚至将这里当作新品首发地。商场周围有很多特色小店，还有一个地下通道可以直接连通老佛爷百货公司的销售卖场（其实老佛爷的门牌号就是 207）。

地 址 Quartier 206，Friedrichstrasse 71，10117 Berlin.

交 通 乘地铁 U6 号线到 Frazoesisone Strasse 站下车，步行即可；乘公交巴士 147 线到 Frazoesisone Strasse 站下车步行；机场线 Unter den Linden – Friedrichstra Be 快速公交直达。

营业时间 周一至周五 11：00—20：00；周六 10：00—18：00；周日休息。

网 址 http：//www.quartier206.com

扫货技巧 去德国购买奢侈品能够享受到很多折扣，比如在 Quartier 206 百货公司购物，就有很多新款出售，不仅终年享受各种折扣，而且还能有 19% 的退税，所以价格相对十分优惠，游客乐于购买。另外值得一提的是，这里的首发品和限量版的产品都有很多，不妨选购几款。

NO.3 KaDeWe 百货公司

慕 尼黑 KaDeWe 百货公司又名西部百货，早在 1907 年就已经对外营业，现有 7 层楼，约 6 万平方米的营业面积。入驻了各大品牌的商品，出售的商品约 38 万种。这里的美食品种极多，约 3 万种。整个商城从外观上看十分气派，几乎所有的一线品牌都可以在这里找到，Chanel，Armani，Gucci 款式很多，甚至连欧洲极其少见的活鱼，也在这里的超市可以买到（欧盟国家对动物的屠宰有很严格的规定）。

地　址 FMG Flughafen Munchen GmbH，Nordallee 25，85356 Munchen.

交　通 乘坐地铁 U1，U2 号线到 Wittenbergplatz 出站，顺着人流走出去即可；公共巴士 M19，M29，M46，343 路到 Wittenbergplatz 站下车就可以看到商店招牌。

营业时间 周一至周四 10：00—20：00；周五 10：00—21：00；周六 9：30—20：00；周日不营业。

联系电话 0049-30-21211156

扫货技巧 这里购物退税方便，商城提供退税的相关凭证，你只需要去机场直接办理就可以，手续方便。奢侈品很多，但折扣不是很高，价格上没有特别优惠。

不过德国本土的商品售价便宜，质量特别好，所以最好多选购德国的刀具、皮具、零件、不锈钢用具等。另外，Boss 专卖店出售的商品也很有特点。

NO.4 慕尼黑机场免税店

机 场内的免税店内出售的商品品种丰富，质量好，价格有优势，还有很多专门在免税店内限量销售的套装出售。出售的商品有啤酒杯、珠宝、工艺品、手表、钢制品、时装、香水等。因为有很多商品可以直接上飞机（比如酒水和液体化妆品），也有不少的旅客通过安检后在这里购物。

地　址 FMG Flughafen Munchen GmbH, Nordallee 25, 85356 Munchen, Germany, 慕尼黑机场内。

交　通 机场位于东北 28 公里的埃尔丁沼泽处，在慕尼黑火车站乘坐火车，44 分钟就可到达。此外，城市快车 S1 线路每隔 20 分钟就有一班车到达。

扫货技巧 免税店商品品种多，价钱优惠，免费使用的小推车设计十分合理，不同品牌的商品一家连着一家，服务态度很好，服务员并不强迫购买。这里的环境很好，而且有免费的饮料，如热可可、咖啡、牛奶等，Wifi 可以免费使用 30 分钟。但是退税点比较偏远，在 1 号和 2 号候机楼处，需提前排队。

NO.5 Karstadt

K arstadt 是法兰克福一家著名的大型商场，在世界 51 个国家拥有将近 200 家分店。这家分店 1 楼是鞋子、饰品和化妆品、零食、摆件等，2 楼有各种服装出售，3 楼是图书、音响、家居和餐具等，商品琳琅满目。商场内各种德国风格的小玩意款式非常多，质量上乘。购物后可以在商店内办理托运服务，直接去机场取货。

地　址 Zeil 90 City Frankfurt am Main, HES 60313, Frankfurt.

交　通 乘坐地铁 U1，U2，U3，U6，U7 号线可到达。

联系电话 0049-69-929050

网　址 http://www.karstadt.de/on/demandware.store/Sites-Karstadt-Site/de/Stores-Details?StoreID=001025&src=90L100001

扫货技巧 该商场圣诞节前后打折最多，部分打折商品可以在网站上提前预订。法兰克福属于黑森州，这里是允许 24 小时营业（但不代表每个商店都会 24 小时营业），最好不要周日去购物。

NO.6 威尔特海姆名品村

威尔特海姆名品村从远处看好像是一个用积木搭建起来的王国，色彩艳丽，小房子都带有独特的韵味，给人一种穿越时光的幻觉。你尽可以沿着干净的石板路慢慢去欣赏这独特的风景。ReneLezard，Armani，Bally 和 Versace 都是这里的经典名店，很多新款商品在此出售，且价格便宜，甚至很多商品仅 1 折出货。

地　址 Almosenberg，97877 Wertheim，距离法兰克福车程仅 50 分钟。

交　通 每年 4 月到 10 月从法兰克福车站有定期发往威尔特海姆名品村的免费班车；火车可以在 Mannheimer Strasse 站乘坐，每两小时 1 班。票价 3 欧元。

营业时间 周一至周六 10：00—20：00；周日 13：00—18：00（但大部分周日不开放，开放时会有海报发放）。

扫货技巧 威尔特海姆名品村出售各种品牌的打折货，几乎所有的货品都可以享受到 4 折优惠，除此之外，每年还有两次清仓活动，分别是：圣诞节前后到次年 2 月，夏季为 6 月底到 7 月之间。还有各种特色咖啡馆，可以让你在享受购物的快乐之余，休息身体，放松心情。

NO.7 蔡尔购物中心

蔡尔购物中心是法兰克福最受欢迎的购物场所，几乎被全玻璃幕墙包围的购物环境让人陶醉其中，商店内出售各种名牌商品，如 Chanel 香水、钻石戒指、Gucci 时装等。另外，Mango，Zara，H&M 等品牌也在这里出售。购物中心的观景天台造型美丽，视线极好，可以鸟瞰城市全景，有全欧洲最长的 46 米自动扶梯。

地　址 Zeil 112-114，60313 Frankfurt am Main，距离罗马广场约 20 分钟行程。

交　通 乘坐地铁 U1，U2，U3，U6，U7 号线可到达罗马广场，下车步行即可。

营业时间 周一至周三 10：00—20：00；周四至周六 10：00—21：00；周日不营业。

联系电话 0049-69-9207340

网　址 http://www.myzeil.de

扫货技巧 这里出售各种质量上乘的世界名牌，也出售德国的本地商品，锅具、餐具和家居用具很便宜，质量和款式都很不错。一楼出售的瑞士军刀，款式新颖，价格便宜，Wmf 品牌也很不错。同时，这里更适合喜爱淘款式奇特商品的客户。这里就像展示德国文化的展览馆。

归货秘籍

在 德国购物税收很高，所以退税的话价格十分优惠。德国人比较严谨而讲究礼节，他们良好的服务会让你的出行十分愉快。但不得不提到的是，德国的各个州对营业时间的规定是不一样的，柏林、勃兰登堡、黑森、图林根等地是允许 24 小时营业的，而巴伐利亚州和萨尔州却只能营业 14 个小时，所以只有在 6：00-20：00 才能购物，部分地方的商家在星期六晚上和星期天不营业，所以往往家长会在星期五的晚上带上孩子全家出行（德国的家庭往往不止一个孩子）。

购物后，如果不想携带行李，一定要及时办理托运业务，然后自己去机场取货，可以办理托运的百货店会在服务台标明。服装、鞋类等可以算在旅客的免费行李中，啤酒和葡萄酒也可以办理托运。度数 12 度以上的酒水限购 2 瓶，低于 12 度的酒水不限量。但是德国对出入境的商品检查十分严格，如牛肉干（散装）、月饼、蛋黄派和方便面都被视为是违禁物品，不允许登上飞机，而经过严格包装的香肠可以托运出境。不过，少量的商品放入随身行李中也没事，一般不会开包检查。

建议使用银联卡，在机场的 ATM 上可以提取欧元，单日单卡不能提取超过 5 000 元人民币的现金，德国 Sparkasse 银行的所有 ATM 均可办理上述业务（全国约 25 000 台），但在所有贴着银联标识的地方才可刷卡购物。最好的购物季节是春节前后，价格十分优惠，如施华洛世奇能享受 5 折优惠，很划算。退税的起点是 25 欧元，需要购物后 3 个月内办理手续。

奥地利

特色商品

NO.1

施华洛世奇珠宝系列

施 华洛世奇珠宝世界闻名，其原产地就是奥地利。施华洛世奇珠宝虽然是人工合成的，但做工精致，色彩艳丽，款式极多，在价格上也有很大的优惠，为不同民族、不同肤色和不同年龄的女性所喜爱。

购买地点 萨尔茨堡购物中心，Kasernenstrasse 1, 5073 Wals–Himmelreich, Salzburg, Austria.

NO.2

羊毛服装

奥 地利的羊毛服装十分有名，其羊毛加工技术在世界上居于领先地位，加工成的精纺羊毛十分柔软，可以编织各种美丽的花纹，无论是制作成套的外衣、裙子、毛大衣、夹克，还是制作成内衣、保暖衣、袜子、手套等都质量上乘，款式新颖，有优越的保暖性，穿着也很舒适。主要的品牌为 Vintage Gieger，Giesswein，Lomography 等。

购买地点 距离市区仅 10 分钟车程的奥特莱斯打折店内。

营业时间 周一至周五 09：30—19：00；周六 09：00—18：00；周日休息。

NO.3

灯 具

奥 地利的工艺品很出名，多为水晶灯系列，富有宫廷灯具的风味，也有很多现代简约的款式设计。很多古老灯具的经典复制款在这里也可以买到，还有各种可以挂在过道上、阳台上、储藏室里的灯具，主要品牌为 KALMAR 和 EGLO。

购买地点 WOKA 商店，Singerstrasse 16 01，Viana.

营业时间 周一至周五 10：00—18：00；周六 10：00—17：00；周日休息。

联系电话 0043-1-5132912

网 址 http：//www.woka.at

NO.4

餐 具

奥 地利的银餐具和瓷器不仅可以在日常生活中使用，而且是不可多得的艺术品。银餐具多沿用宫廷款式，造型复杂，多为招待客人或在宴会上使用。奥地利的瓷器质量上乘，制作精美，多手绘而成，充满了浓郁的民族特色，也是游客乐于购买的商品。

购买地点 Getreidegasse Street, Salzburg.

交 通 搭乘 3，5，6，8，25 路巴士到 Rathaus 下车，进入粮食街即可。

NO.5

传统工艺品

奥地利传统工艺品如铜器、铁器和银器都带有传统的民族风格，做工精良、外形美丽，同时具有很好的实用性，多制作成盘子、玩具、杯具、储物器具、工艺摆件等，烛台和酒器也是非常有特色的纪念品。

购买地点 纳旭市场，Linke Wienzeile & Rechte Weinzeile 06，Vienna.

交 通 地铁 U4 号线到 Kettenbrü Ckengasse 站，出站即可。

肝丸子汤、鸡蛋饼汤、红烧辣牛肉汤、精煮牛肉、烤排骨、南瓜奶油浓汤、土豆浓汤等都是奥地利人喜爱的食品，往往会在做菜的时候加入洋葱、土豆和番茄。在萨尔茨堡的奥古斯丁啤酒馆、维也纳1区的索菲特餐厅、维也纳3区太子宫附近的 salm braeur 餐馆都可以吃到上述美味。

扫货地点

NO.1 煤市大街

维也纳 1 区煤市大街上的商店以前专门出售皇宫使用的商品，现在则成为奢侈品的天堂，云集了 Cartier、Hermes、Versace、Gucci、Zegna、Gant、Prada、Miumiu 等国际品牌，让人目不暇接。Louis Vuitton 旗舰店占了 4 个楼层，气势恢宏。位于 Neuer Markt 15 号的首饰店，曾经为电影茜茜公主的拍摄制作了很多至今让人觉得十分养眼的首饰和发饰，DEMEL 甜品店已经有 200 年的历史。

地 址 The Coal Street, The 1 District of Vienna City, Austria.

交 通 地铁 U1，U2，U4 号线到 Karlsplatz 站下车步行即可；公交 1A 路到 Graben/Tuchlauben 站下车步行即可。

扫货技巧 煤市大街并不长，有很多高级的品牌专卖店出售。很多游客专程过来购物，但是大多数游客其实是来看风景名胜的。这里的购物环境很好，一点都不拥挤，而且办理退税十分便捷，平均退税率为 12%，而且越贵的商品退得越多。

NO.2 多瑙购物中心

多瑙购物中心位于维也纳市区，是当地一家大型购物中心，内有百余家各式店铺，出售各种服装和手工艺品，特色酒品和食物也很多，有很多外地游客前来扫货。商场出售品牌服装、葡萄酒、鞋子和箱包。地下 1 层有很多美味小店，小店的咖啡味道真是棒极了！

地 址 Wagramer StraBe 81, 1220 Wien.

交 通 地铁 U1 号线或有轨电车 26 路到 Kagran 站。

营业时间 周一至周五 9：00—20：00；周六、周日 9：00—18：00。

网 址 http://www.donauzentrum.at

扫货技巧 多瑙购物中心靠近联合国城，位于城市的北面，是一个交通便捷的购物中心，有很多美味的小吃。这里的购物环境很舒适，所以你尽可以慢慢地挑选你喜爱的商品，购物后有很多小店可以饮水和就餐。

NO.3 玛利亚·希尔费大街

玛利亚·希尔费大街是维也纳市中心最繁华的商业街，街道两边都是当地最著名的店铺，有的小店已经营业了上百年。这里出售吸引了成百上千种款式的时装、首饰和饰品，精品屋、商场、小吃摊鳞次栉比，很多特色小店混杂其中，人流量极大，也是游客乐于前来的宝地。

地 址 Maria Hill Avenue, Vienna, Austria.

交 通 地铁 U3 号线，U6 号线 到 Westbahnhof 站，地铁 U3 号线到 Neubaugasse 站。

NO.4 萨尔茨堡购物中心

萨尔茨堡购物中心靠近国际机场，华丽尊贵的室内购物中心拥有 100 多间店铺，占地面积超过 3 万平方米。这里汇集了 200 多个品牌，La Perla，CK Jeans，Strenesse 等品牌的销量都不错，且常年有促销活动。而在传统的打折季节，这里的折扣更是喜人。

地 址 Kasernenstrasse 1, 5073 Wals-Himmelreich, Salzburg, Austria.

营业时间 周一至周五：9：30—19：00；周六 9：00—18：00；周日休息。

联系电话 0043-1-66225440

扫货技巧 这里全年都有各种打折促销活动，折扣很多。如果能够和朋友一起选购，还能获得更多的优惠，退税需要每天至少消费 75 欧元。部分平时很难打折的品牌能打到 3~7 折。

NO.5 粮食街

萨 尔茨堡粮食街约 1 公里长，周围全是古香古色的房舍，莫扎特生前住在 9 号建筑物内。街道两旁有各种精品店、纪念品店和旅店，很多小店门口都有铁牌，图案上标注了小店所出售的商品。这里各种服装和小玩意儿让人目不暇接，流连忘返，很多新颖奇特的商品也在其中。

地 址	Getreidegasse 27，5020 Salzburg，Austria.
交 通	搭乘 3 路、5 路、6 路、8 路、25 路巴士到 Rathaus 站下车，再步行进入粮食街。
联系电话	0043-662-841150
扫货技巧	这里有很多特色店，很多店可以讲价，如果语言有问题可以使用计算器讲价。现金交易最好使用欧元或者美元，小店大都没有银联机。著名的托马塞利咖啡馆很不错。

NO.6 中心火车站商场

萨 尔茨堡中心火车站中有 Spar，Billa 等商场，Europark 商场内有一家比较大的 Interspar 商店，可以购买各种生活用品和特色纪念品。这里的服装特别是羊毛服装款式很多，羊毛内衣因为其轻便保暖的特性，备受游客喜爱，商店内的各种小玩意儿和工艺摆件十分可人，价格也很便宜。

地 址	Sterneckstrasse 中心火车站商场内。
交 通	在 Bergstrasse 附近乘坐 4 路、2 路巴士到 Sterneckstrasse 站下车即可。
营业时间	周一至周五 9：00—20：00；周六 9：00—18：00；周日及法定节假日不营业。
扫货技巧	商场较大，货品在打折季会有很多人抢购，试穿的时候一定要多选几件进去试穿，免得试穿到一半发现缺货。试衣间很拥挤。

购货秘籍

奥 地利人没有用手摸食物的习惯，所以选购水果和蔬菜的时候不拆开包装检查质量（食物的质量也没有问题）。奥地利很多商店周一至周五都有午休时间，星期六晚上到星期天不营业，所以购物需要提前查询时间，法定假日商家都会关门休息。

凡是在欧盟外国家的旅客都享受这退税待遇，税收已经包含在商品的价格中，需要游客先行垫付，然后按照最低退税点进行核算，最低的退税金额为 75 欧元。退税需要向工作人员索取发票，然后填写信封并粘贴原始发票并盖章，完成手续后可以去退税点办理退税业务，或者将发票寄回奥地利。机场内的退税点很多，平均约退到购物总数的 13%，但是会扣除手续费。

奥地利的航空对行李的重量要求严格，一般不超过 23 公斤，有的机票标注为 20 公斤。手提行李要求不太严格，但是托运的重量会有很多限制，最好不要携带大量行李（去奥地利通常不会购买一些重量级的商品），多为轻便的细软物件。

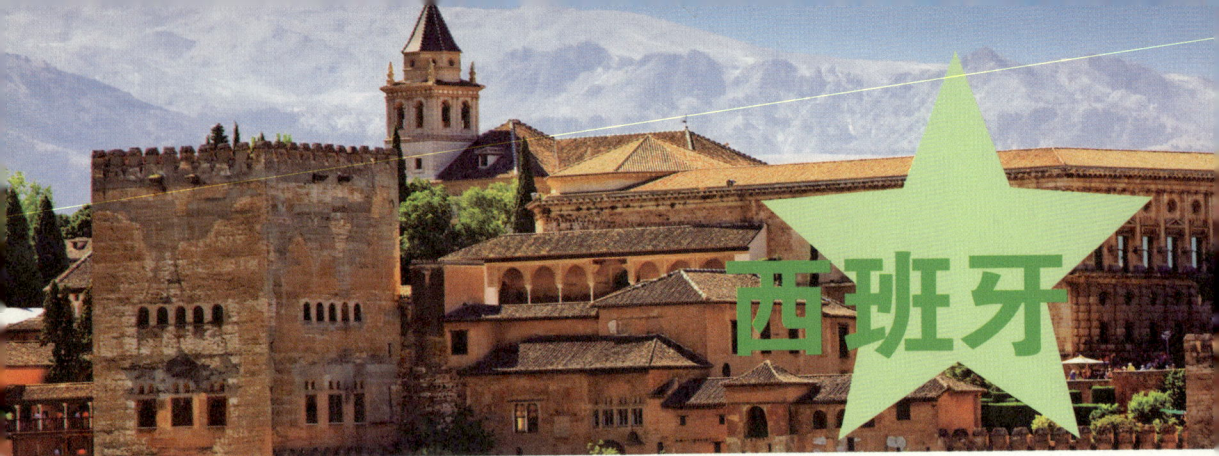

特色商品

Little Kiss

Primark

NO.1

流行服饰

时装业是西班牙发展最迅猛的产业，庞大的服装产业链条不仅得到了当地人的支持，精致美丽的服装也得到了国际上的普遍认可。西班牙有很多著名的服装设计师如莫德斯托·隆巴、阿加莎·鲁伊斯·德拉普拉达等，其作品在国际上享有盛誉，他们在西班牙本土开设了很多工作室和特色小店，出售独具特色的服装，吸引着很多游客前来购买，主要服装品牌为 Little Kiss，Zara，Primark 等。

Zara

购买地点 MNG 品牌店，地铁 Passig de Gracia 站出口处，巴塞罗那。

交　通 乘坐地铁 2，3，4 号线到 Passig de Gracia 站出口处，步行即可。

NO.2

皮革制品

西班牙的皮革制品远近闻名，科尔多瓦城印花和鞣制皮革工艺已经传承了几百年，现代设计软件又为其增加了新的工艺特色，使得皮革设计和制作技艺趋于成熟。为了保持皮革表面的美观，现在广泛使用镀金、镶嵌和多层次印染工艺，制作而成的皮鞋和皮饰格外美观，主要的品牌为 Loewe，Sol&Luna，Hispanitas，Bececr（彼克尔）等。

购买地点 叶奥·莫雷拉之家，Passeig de Grasia 35，Barcelona.

交　通 地铁 2，3，4 号线 Passig de Gracia 站，出站步行 5 分钟即可。

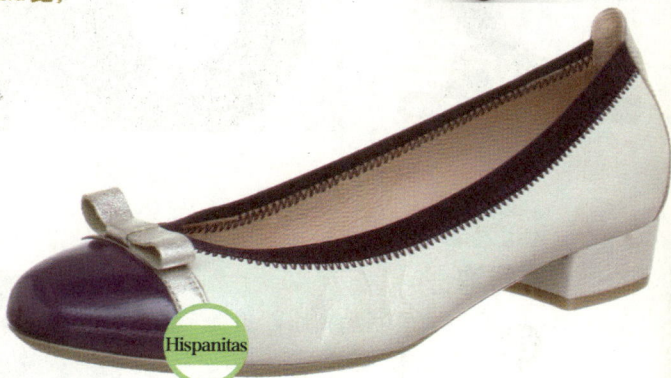

NO.3

传统工艺品

西班牙传统镶嵌工艺品特色鲜明，用大量的细骨和银制作的几何图案色彩艳丽，造型古朴，多用来制作家具和首饰。格林纳达至今还有很多手工艺品的小店，产品均为手工制作，出售手链、项链、家居摆件、画作等。手绘的陶制法雅小姐是当地人用来祈福不可缺少的宝贝，造型美观。

购买地点 La Rambla Ciutat Vella，08002，Barcelona，Spain（巴塞罗那地铁1号线圣安东尼站圣安东尼市场内）。

NO.4

橄榄油

西班牙安达卢西亚地区出产橄榄，产量很大，初次压榨的橄榄油世界闻名，当地出口初榨橄榄油占到了西班牙所有橄榄油出口量的80%。橄榄油经过提纯后味道十分香醇，是做菜不可或缺的帮手，经过生物合成和化学工艺从橄榄油中提取成分做成的护理品和化妆品，更是女性朋友不可缺少的伴侣。主要的西班牙橄榄油品牌有安达卢西亚、欧蕾、Borges，A Espanola，Carbonell。

购买地点 Maremagnum，A 商场，Barcelona.

营业时间 每天10：00—22：00，全年无休。

NO.5

酒 类

西班牙盛产葡萄，酿造成的葡萄酒味道十分温和，口感舒适，品质很好，相对法国的酿造葡萄酒要便宜很多。葡萄酒深加工而成的雪利酒，口味比葡萄酒稍微甜一些，入口后感觉很圆润，也是游客乐于购买的商品，主要的品牌有巴萨系列、皇马系列、卡斯特、桃乐丝、桃乐丝公牛血、若曼达等。

购买地点 EL Corte Ingies A 百货公司，Barcelona.

营业时间 周一到周六 10：00—21：00，周日休息。

皇马系列

桃乐丝公牛血

卡斯特

特色海鲜饭、Churro 油条、Tapas、Jamon、水果酒 Sangria、蘑菇酱大饺子、香嫩乳猪等都是当地人喜爱的美食，在马德里东方广场附近的 Bola 餐厅、马德里马约尔广场附近的博廷餐厅和巴塞罗那的四只猫餐厅都可以享受到上述美味。

扫货地点

NO.1 El Corte Inglés 百货公司

该公司位于马德里，是西班牙最大的百货公司，内有大量的精品店和专卖区。商场内的服装品牌专卖区超过了3000平方米。Bulgari，Cartier，Rolex，IWC，Vertu 都在此设立专柜，最大的服装商 Zara 也在此设立了专卖区。1楼的纪念品专柜出售各种钥匙链和冰箱贴等小玩意儿，皮具的质量、设计和款式十分出色。

地　址	El Corte Inglés 百货公司，Calle de Princesa 56 MalasaA±a，Madrid.
交　通	马德里火车站有到太阳门广场的直达班车，坐满就走。百货公司就在广场上，下车可以看路标。
营业时间	周一至周六10：00—22：00，周日与节假日11：00—21：00。
联系电话	0034-91-4546000，0034-91-3798000
网　址	http://www.castellanastore.elcorteingles.es
扫货技巧	游客持有护照就享受9折优惠，并且可以退税（奢侈品不参加活动），退税是90欧元起退10%，300欧元退14%，可以联合起来退税，需要提前去国际游客服务处领取折扣券。Levi's，Lee 等品牌折扣都很不错。速干运动系列的服装款式很多，质量上乘，常年举行打折促销活动，商城甚至还有一个邮局。

NO.2 拉·罗卡购物村

拉 ·罗卡购物村位于巴塞罗那北部，各种店铺林立，服装店、书店、化妆品店都很多。这里汇集了超过 50 个国际品牌，大部分商品可以享受 6 折以上的折扣，如 Miss Sixty，Burberry，Loewe，Versace 等，本土品牌 Campe 的鞋子很不错。每年前来购物的游客数量超过 200 万人，是购物休闲的好去处。

地　址 08430 Santa Agnès de Malanyanes，La Roca del Vallès，Barcelona.

交　通 乘坐地铁 1 号线，在 Fabra i buig 车站 11 号站台，每天 9：00，12：00，15：00 有免费大巴；Fabra i buig 车站有到购物村的往返班车，每 50 分钟 1 班；T 游客中心 12：00，15：00，17：00，19：00，21：00 有往返车前往；11 路公共汽车直达 La Roca Village，周一到周六 9：00，12：00，15：00 有固定班车；自驾车从 A7 国道出前行，看路牌下车即可，距离市中心有 40 分钟车程。

营业时间 周一至周五 11：00—20：30，周六至周日 11：00—22：00。

网　址 http：//www.larocavillage.com

扫货技巧 购物时最好选好时间，上午去最好。商圈内既有顶级的奢侈品，也有一些二线品牌，很多看起来差不多的商品价格会有很大差别。持有外国护照可以去服务中心领取 8 折卡，另外，这里很多商家会不断推出折扣活动，比如 Zegna 的衬衫 3 折，Burbuerry 店满 600 减 200 等。

NO.3 兰布拉大道

布拉大道北起加泰隆尼亚广场，南至港口附近，街道外侧为车行道，街道中心为人行道，街面上有很多著名的百货公司，如 Maremagnum，El Triangle 等，还有很多特色小店。因为大街上遍布花店而被戏称为花街，这里也是巴塞罗那最著名的购物大道。各大商场均出售日用百货、流行服饰和运动用品，当地特色小物品也随处可见。每周四，大教堂广场有定期的古董跳蚤市场，可以淘到各种稀奇古怪的小玩意儿。

地　址 La Rambla，Ciutat Vella，08002，Barcelona，Spain.

交　通 可乘坐地铁 3 号线至 Plaza Cataluya 站下，步行即可。

营业时间 周一至周五 7：30—21：45，周六 9：30—21：20，周日休息。

扫货技巧 兰布拉大道建筑布局颇具特色，有很多美丽的雕塑，街边上也有很多兜售小商品的小贩。Las Ramblas 有著名的林荫大道之称，两侧有很多高档的专卖店，每年 1 月 7 日到 2 月底以及 7—8 月有特卖活动，折扣很多。街边有很多甜品店，出售各种美味甜品。

NO.4 黄金广场（Passeig de Gracia）

黄 金广场，又叫格拉希大街，也称感恩大街，是巴塞罗那最繁华的一条大街，集中各个品牌的专卖店和精品店，包括 Chanel 和 Burberry。很多皇家品牌也在这里出售，如皇室御用 Loewe、小熊 T 等品牌。街上有很多可以供人休息的椅子，被列入世界遗产的米拉公寓和巴特罗公寓也在这条大街上，不过这条大街也被戏称为"不和谐街区"，因为街面并存着 3 种不同设计风格的建筑物。

地 址 Passeig de Gràcia, Eixample, Barcelona, Spain.

交 通 可乘坐地铁 3 号线至 Plaza Cataluya 或 Passeig de gracia 站下车，出站步行即可。

扫货技巧 这里年轻人喜欢的品牌较少，多是中年人喜欢的牌子。国民品牌 Zara 做特价活动的时候，3 欧元就可以买一件衣服。

扫货秘籍

西班牙大部分零售场所的营业时间为9：30—20：00，但中午13：30—16:30会关门休息，较大的商场一般为10：00—22：00不间断营业，原则上周日休息（个别超市会开门）。

如果你来自非欧盟国家，购物满90.16欧元就可以要求退税，退税需出示护照和有效身份证明。能够购买退税商品的商店，橱窗会有环球蓝联退税购物标志，购物时需要索要购物单并填写好相关信息（有蓝色和白色两种）。如果没有原始退税单就不能享受退税政策。语言不通可以请服务员帮忙，但是需要自己手写签名。退税率为：一般商品为21％，食物光学商品为10％，药物和书籍为4％。海关盖章后5年退税单有效。咨询网站：http：//www.globalblue.com/contact-us.

离境时需要提前到机场办理手续，要到海关加盖印章并出示你的退税单、护照和商店发票。商品需要加盖印章，不能打开包装，需要现场确认商品包装完好，未曾使用。随后去显示"环球蓝联标志"的退税柜台，并选择现金或信用卡退税方式，也可以用邮寄的方式来办理。享受信用卡退税，但会收取手续费用，低于16周岁的客户不能享受这项政策。

比利时

特色商品

Derain

TESIRO

NO.1

钻石首饰

安 特卫普因为出产钻石而闻名世界，这里拥有世界上最好的钻石加工工艺和贸易渠道，世界上 50% 的钻石都在这里加工成首饰等商品。顾客可以在这里购买到各个时期、各种加工手段、各种形状的钻石。安特卫普钻石品牌很多，主要的品牌为 MONETA，Paragon Diamonds，Derain，TESIRO 等。

MONETA

购买地点 **Christa Reniers 珠宝店，Rue Antoine Dansaert 29 Lower Town，1000，Brussels.**
营业时间 周一到周六 10：30—13：00，14：00—18：30，周日休息。
联系电话 0032-02-5100660

Paragon Diamonds

NO.2
皮革制品

比 利时的皮革制品款式很多，质量上乘，做工精致，皮鞋、皮衣、皮包都以舒适耐穿的设计为主，且带有明显的欧洲风情。此外，皮革制作的装饰品和小物品也很多，主要品牌为 Niels Peeraer，Delvaux，Hedgren，Kipling 等。

购买地点 Stadsfeestzaal 购物中心，Meir 78，Brussels.
营业时间 周一至周六 10：00—19：00，周日休息。

Kipling

Niels Peeraer

Delvaux

NO.3
翻毛大衣

比 利时大衣多有毛领装饰，面料以棉、毛、皮革为主，穿着舒适，巨大而美丽的毛领很衬托女性的气质。Olivier Strelli，ZNJ，PH5，Les Hommes 等，都是比利时著名的时装品牌。

购买地点 Inno 百货公司，Rue Neuve 111 Lower Town，Brussels.
营业时间 周一至周六 10：00—22：00，周日休息。

Hommes

PH5

PH5

NO.4

工艺花边

工艺花边广泛用于女装、女童装和家居用具的装饰，是比利时的特色商品。Manufacture Belge deDentelle 公司是最大的花边制作商，有100多年的花边制作史，产品品种齐全，价格公道，款式多样，前去选购一定不会失望。

购买地点 在布鲁塞尔胡贝特长廊内出售，Galerie de La Rrine6-8，Brussels.

CHIMAY

Chimay

Trappistes Rochefort

Rochefort

ORVAL

Orval

Achel

Trappist Achel

Westmalle

NO.5

啤 酒

比利时有100多种啤酒，口味各不相同，不仅使用了粮食来酿酒，而且还使用了香料和水果作为原料，特别是加入了蛇麻草、橘子皮等香料，十分美味。比利时的大街小巷都有很多小酒馆出售新鲜的啤酒，主要啤酒品牌有 Rochefort，Chimay，Westmalle，Orval，Achel，Westvleteren 等。

购买地点 布鲁塞尔大街上有很多酒吧和啤酒店，可以选择自己喜爱的来品尝。

吉利莲

歌蒂凡

NO.6

巧克力

比利时是巧克力的天堂，盛产各种巧克力，在全世界都非常有名。布鲁塞尔的 Neuhaus 商店是一家专门出售巧克力的商店，各种各样的巧克力浩浩荡荡地陈列在橱窗中，品种齐全，口味多样。比利时几乎所有品种的巧克力在这里都有出售，主要的巧克力品牌为歌蒂凡、香浓河、列奥尼达斯、迪克多、吉利莲等。

迪克多

购买地点 Neuhaus 商店,
Grand-Place27
大广场 27 号,
Brussels.

列奥尼达斯

　　樱桃啤酒、巧克力、白酒熟淡菜、海鲜贝类、布拉邦得式野鸡、雪维菜炖膳鱼、阿登高地的梅酱兔肉、烤苣菜、干酪屑、越橘等都是比利时美味，在布鲁塞尔市中心的 Skievelat、布鲁塞尔市中心大广场的"白天鹅之家"餐厅、安特卫普市中心的 The Jane 餐厅均可品尝上述美食。

扫货地点

NO.1 圣赫伯特购物拱廊

(购) 物拱廊是欧洲最古老的长廊，由3条玻璃拱门的步行街构成，内部装饰精美，长廊周围出售各种首饰、巧克力、名牌服装和各种款式的皮鞋。这里有欧洲最好的巧克力，也出售来自比利时本土的特色商品，如大衣和各种皮革制品，皮草服装也很出名。

地 址 Grand Place，1000 Brussels，Belgium.

交 通 乘坐地铁1号线和5号线在 Gare Centrale 站下车步行即可；乘坐公交车 71，48，95 在 Gare Centrale 站下车步行即可；乘坐火车在 Gare de Bruxelles-Central 站下车步行即可。

联系电话 0032-02-5450990

扫货技巧 这里出售的商品都是精心设计的，每年1月5日—2月4日、7月5日—8月4日，都是特卖季，折扣很多。拱廊内有很多巧克力店和水晶店，出售各种精心制作的巧克力。在圣诞节前后折扣也很多，也有免费试吃的活动，千万不要错过成套包装的巧克力哦。

NO.2 Christa Reniers 珠宝店

C hrista Reniers 出售各种精心制作的珠宝，无论是普通的雕花珠宝，还是各种宝石应有尽有，当然，最昂贵的就是用钻石加工成的珠宝。工艺技师可以按照你的要求进行量身定做服务，不仅款式新颖，而且还可以按照你的个人爱好进行定做珠宝和刻字服务，一定会让你满意而归。

地　址 Rue Antoine Dansaert 29 Lower Town, 1000, Brussels.

营业时间 周一至周六 10：30—13：00，14：00—18：30，周日休息。

联系电话 0032-02-5100660

扫货技巧 这里的珠宝款式特别多，几乎每周都有新款和特卖活动，吸引了很多客户前来。周末比较拥挤，有的时段要排队进入店内，最好早晨进去购物，购物环境相对好一些。

NO.3 细沙区古董市场

细 沙区古董市场是布鲁塞尔最著名的古董市场，这里还有很多奢侈品商店，游客在这里可以慢慢欣赏各种饶有韵味的商品，消磨闲散而有情调的时光。服装和各种小玩意儿应有尽有，独具特色，周末有很多艺术家现场表演。该市场是布鲁塞尔最古老的古董跳蚤市场，已经存在了 100 多年。

地　址 Antique Market, Fine sand area, Brussels.

营业时间 每天 7：00—14：00。

扫货技巧 每个周日的 9 点到 14 点都有古董沙龙活动，能学到很多关于古董的知识，可以免费参加。古董商人在这里淘宝，游客在这里认识当地特色文化，喜欢稀奇玩意儿的客户也不要错过这难得的机会。

NO.4 讷沃街 Rue Neuve

讷 沃街全长 600 米，是比利时最繁华的商业区之一，街上布满了各种各样的商场，大型购物中心、百货商店、特色商店、时装作坊、咖啡屋、甜品店应有尽有，让人目不暇接，各大品牌都在争夺这个寸土寸金的弹丸之地。

地 址 Rue Neuve，Brussels，Belgium.

扫货技巧 周末和打折季，讷沃街人流较多，就餐比较拥挤，最好自带饮用水和食物。

NO.5 DiamondLand

D iamondLand 是钻石城安特卫普最著名的购物场所，出售各种各样的钻石产品，以各种首饰为主，如戒指、耳环、项链、发饰、胸针等，也有一些钻石制作的摆件、碗筷和服装。钻石经过切割后，制作成各种精美的工艺品，让人眼花缭乱。

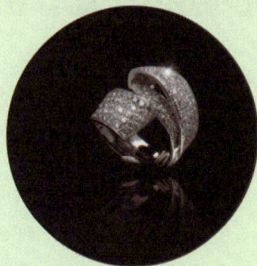

地 址 Appelmansstraat 33，2018 Antwerpen，Belgium.

交 通 DiamondLand 位于安特卫普中心火车站旁，出站后就可以在广场上看到商店的标志，距离布鲁塞尔机场 30 分钟，可以乘坐机场大巴前来购物。

扫货技巧 安特卫普是著名的钻石城，DiamondLand 又是这里最著名的钻石商店，商店很大，安保严格，可以刷卡，购买钻石时可以试带，大客户有专门的选购室，可以慢慢比较各种款式和质量的钻石。

扫货秘籍

比利时商家实行明码标价，除了首饰价值在 35 000 比利时法郎以上和艺术品价值在 60 000 比利时法郎以上以外，其余的商品都需要用商标进行标价。在当地购物尽量不带现金，几乎所有的大商场和专卖店都可以刷卡。比利时开通了银联，工资卡、准贷记卡、储蓄卡、借记卡、信用卡均可刷卡消费。不建议提取现金，银行手续费十分高昂，兑换货币也有手续费。

比利时的大部分商店都是晚上 18：30 或 19：00 点打烊，晚上只有些啤酒馆和餐厅在营业。百货大楼一般会延迟至晚上 21 点左右，周日不营业。每年固定的打折季是在 1 月 5 日—2 月 4 日，7 月 5 日—8 月 4 日，其余时间也会做很多活动。当地最著名的产品是钻石，各种钻石商品极多。

比利时退税的起点是 125.1 欧元，大部分商品可以退 16% 的税，但是食品和烟草不能退税。退税需要护照和有效身份证明。购物需要索要购物单并填写好相关信息（有蓝色和白色两种）。离境时需要提前到机场办理手续，到海关加盖印章并出示退税单、护照、商店发票。

捷克

特色商品

NO.1

水晶饰品

捷 克波西米亚风格的水晶饰品十分有名，但这种水晶其实是一种特殊的玻璃，因为质量上乘，晶莹剔透如同水的晶体一样，而被称为水晶。在加工工艺的过程中，水晶加入了不少金属离子形成各种美丽的色彩，能够做成各种特色造型，深得游客特别是女性游客的喜爱，著名的水晶品牌有：Moser，Libera，Crystalex，Jablonex，J&Q，AG 等。

购买地点 Palladium，Praha 1，Prague，Czech Republic.

Crystalex

Jablonex

Libera

Moser

NO.2

波西米亚服装

（捷）克最著名的服装是波西米亚服装，风格出跳，色彩浓烈奔放，充满了青春与活力，可以很好地展示现代都市女性婀娜曼妙的身材和独立的性格特点。商场和超市都出售各种美丽的波西米亚服装，街面上或者自由市场也有很多年轻貌美的波西米亚女郎穿着波西米亚服装展示。主要的品牌有维珈、瓦纱丽、Cosplay 等。

购买地点 Novy Smichov，Praha 5，Prague，Czech Republic.

维珈

NO.3

手工肥皂

（捷）克的手工肥皂十分出名，百年手工皂品牌 Botanicus 在中国台湾地区已经销售了很多年，特殊的精油和香料能够很好地缓解皮肤过敏，嫩滑肌肤，维持皮肤洁白健康的状态。女性游客往往偏爱死海泥洁面皂、玫瑰肥皂、精油皂等；男性游客则对带有淡淡烟草味道的精油皂情有独钟。

购买地点 布拉格老城广场内提恩教堂旁 Botanicus 专卖店。

NO.4

手工木偶

捷克制作手工木偶的历史已经延续了很多年，木偶由纯手工制作而成，做工精致，服装的款式很多，木偶人的表情也十分丰富，惟妙惟肖，不管用做摆设还是赠送亲人都是不错的选择。

购买地点 契里特纳街 34 号的 Pohadka 木偶专卖店，Prague.

　　鸡肉胡萝卜汤、烟熏猪肉、香肠皮耳森啤酒、水果馅饺子、甜酸菜等都是捷克人喜爱的美食，在布拉格聂鲁达街的 U tri houslicek（三支小提琴）餐厅、布拉格伏尔塔瓦河边的 Kampa Park 餐厅和布尔诺河边游船上的 Noem Arch 餐厅都能品尝上述美食。

扫货地点

NO.1 布拉格机场一号航站楼

此地销售部分品牌服装、珠宝和酒类，但是都不是布拉格本地的货物，而是其他国家的货物，价格上没有优势，但退税十分便捷。布拉格机场销售各种品牌服装、香水、鞋包、数码产品、化妆品、珠宝首饰等，酒水和零食也很不错。波西米亚的服装很多，款式和质量都很不错。

地 址 V á clav Havel Airport Prague, Departure hall 离 境 大 堂；Terminal North 1, K Letisti 6/1019, 16008, Prague 6.

交 通 布拉格机场距市区约 15 公里，可以乘坐地铁绿线到 Dejvick á 站下车，随人流出站即可，地铁黄线到 Zličín 站也能到达。

营业时间 周一至周日 6：00—22：30，全年无休。

扫货技巧 波西米亚风格的服装可以试穿和退税。液体的酒水或者化妆品在此购买后，服务生会直接将你的货物送上飞机，手续十分简单，你只需要自己登机即可。

NO.2 Palladium

Palladium 是布拉格最大的商场，2007 年开始营业，商品种类繁多，购物环境舒适。相对于临近的法国或者英国而言，布拉格的货品价格与之有天壤之别，实在是优惠太多，而货物的质量和款式也有保证。商场内设了 30 多个咖啡厅，推荐一层中央的咖啡厅，那里的冰咖啡味道真是棒极了！

地 址 Palladium, Praha 1, Prague, Czech Republic.

交 通 Palladium 商场位于旧城中心处，有一条很宽阔的步行街，名胜古迹很多，最好是在酒店打车前往，然后在步行街边缘下车走路过去。

营业时间 周日至周三 9：00—21：00，周四至周六 9：00—22：00。

联系电话 00420-2-25770250

扫货技巧 捷克境内的商场相对整个欧洲而言便宜很多，遗憾的是很多款式特别是限量款都没有，Palladium 商场也常常是部分品牌的款式缺货，订货需要一定的周期，如果你看中了一个固定的款式，最好是提前在网上预约。

NO.3 OC Letňany

捷克最大的购物商城，出售各种服装、鞋类、皮包和工艺品，都是些欧洲著名的品牌，如 Gucci,Chanel 等。商场内有电影院和水族馆，购物环境很好。捷克人最喜欢的 BATA 牌皮鞋，这里的款式也很多，不妨挑上几双回去。此外，商场内还有很多精美的食物出售。

地 址 OC Letňany 购物中心，Veselská 663. Praha 9.

交 通 Letňany 地铁站有免费 OCL 班车，30 分钟 l 班；从 Nádraží Holešovice 地铁站坐 201 路公交车；Vysočanská 和 Skalka 地铁站 195 路公交车。

网 址 http：//www.oc-letnany.cz/en/

扫货技巧 OC Letňany 购物中心的购物环境舒适，有免费的交通车，部分服务生也可以用英语交流，如果遇到中国台湾地区的服务生，则可以用汉语交流。

NO.4 黄金巷

黄金巷是布拉格的一条石砖小巷，过去以出售各种黄金制品出名，现在被整修后成为出售各种手工艺品的地方，街道上有很多彩色的装饰物。小巷里出售的货物主要是装饰品和手工艺品，各种旅游纪念品也很多。同时，这里还出售电影胶片和图书。

地 址 Zlatá ulička u Daliborky 110，110 00 Praha-Praga，Czech Republic.

交 通 黄金巷位于拉文纳旧城西北角的圣维塔教堂背后，是步行区，乘坐巴士或者旅游大巴到了停车点后，需要步行前往。旁边的旅游点可以租用自行车。

联系电话 00420-2-57530002

网 址 http://www.mafengwo.cn/poi/info-77934.html

扫货技巧 这里的小店都充满了特色，比如16号商店的木制玩具，20号商店的锡制布拉格小士兵，21号商店的手绘衣服都是备受游客喜爱的商品。名作家卡夫卡租用了22号房间并在这里完成了《乡村医生》和《致科学院的报告》。现在，他的作品和胶片复制品都成为了抢手货。

NO.5 马萨里克大街

马 萨里克大街是布尔诺最著名的购物街，街道两侧有很多餐厅、书店、服装店和手工艺品店，出售图书、化妆品、民族服装和各种工艺品等，咖啡店和巧克力店也很多。马萨里克大街是当地的交通要道，也是主要的商业区，可以通向圣雅各布教堂、圣保罗教堂和什皮尔贝尔克城堡。

地 址 捷克布尔诺马萨里克大街。

交 通 布拉格每天有 20 班火车开往布尔诺。到了火车站（南站，位于老城区），出站沿着街道向北步行即可看到马萨里克大街。

扫货技巧 马萨里克大街是一条老街，奢侈品购买并不划算，但淘各种特色商品却是不错的选择，当地手工艺品和民族服装很受欢迎，皮革制作的鞋子和包裹也很有购买价值。

扫货秘籍

捷克是购买奢侈品的天堂，因为它本来就是欧盟国家，可以享受到最优惠的价格，而税收又很低，所以商品特别是欧洲商品价格上有优势。唯一遗憾的是，因为捷克比较小，所以很多品牌都不会将这里作为首发地和最先供货地，所以商品往往款式不全，需要自己提前选好预订。布拉格有上千座佛塔，制作手工艺品的历史十分悠久，佛家的手工艺品也很多，手工艺品很便宜而且款式很多，可以让你慢慢挑选。

捷克人的生活比较闲散，商店营业时间一般为周一到周五9：00—18：00；周六9：00—13：00；周日大部分的商店都不营业。各种国内的购物卡几乎都可以刷卡，但捷克用现金付款能够享受到一定的折扣，即刷卡比现金贵10%~15%。

捷克与欧洲各个国家的空中航线很多，但到亚洲的飞机班次并不多，部分游客还需要转机才能到达目的地，购买商品最好选择轻便的且能够随身携带的商品（如水晶等），尽量少购买笨重或者液态的商品（如啤酒）。超重的啤酒无法人机一起登机，需要转到货机托运，往往会耽误很长的时间，而且可能会出现掉货或者自提的情况。

瑞士

特色商品

万国

浪琴

NO.1
手 表

瑞士手表以其精良的做工和良好的使用性能备受欢迎，其卓越的外观设计也得到了世界范围内消费者的认可。除了传统的机械表和石英表，造型美观的一次性手表同样款式繁多，复古怀表也备受游客喜爱，瑞士的钟表店更是铺天盖地。当地的品牌超过 100 种，主要品牌为百达翡丽、执白、浪琴、雷达、豪杰、万国、江诗丹顿、宝鸡、劳力士、伯爵、肖邦等。

购买地点 Hoheweg St，Höheweg，Interlaken，Schweiz.

百达翡丽

江诗丹顿

劳力士

伯爵

肖邦

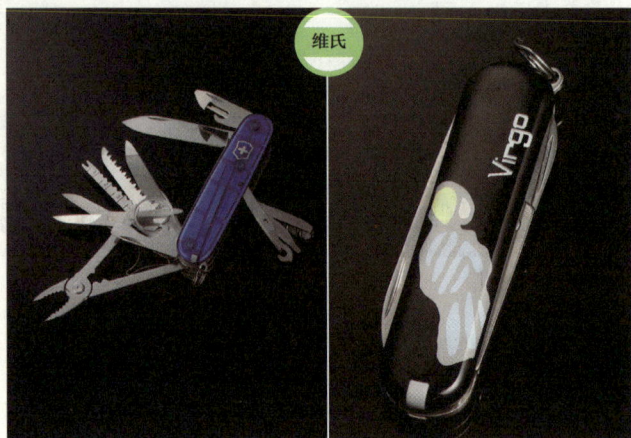

NO.2

瑞士军刀

瑞士军刀最初是为军队而设计的，便于战士在野外环境下生存，具备多种功能，做工精良，材料相对轻便，携带也很方便。现在，瑞士军刀越来越多地走进了普通人的家庭，不仅在户外运动时是随身携带的好工具，也是家庭生活和日常出行的好伙伴。瑞士军刀只有威戈和维氏两个品牌。

维氏

Virgo

购买地点 Bahnhofstrasse, Bahnhofstrasse, Zurich, Schweiz.

威戈

NO.3

葡萄酒

瑞士是葡萄的主要产区，这里的气候条件非常适合葡萄的生产，高山上散布着各种各样的葡萄园，一年一度的葡萄节更是热闹非凡。在这里的葡萄属于高山葡萄，味道很醇，甜度适中，酿造出来的葡萄酒色泽呈现出琥珀一样的红色，味道甘甜，经过陈酿的葡萄酒味道更好。瑞士葡萄酒的主要品牌为杜瓦莱梵特纳、赫达维拉斯、贝迪阿尔萨、希拉维拉斯、杜瓦莱黑皮诺等。

杜瓦莱黑皮诺

贝迪阿尔萨

购买地点 Niederdorf, Niederdorfstrasse, Zurich, Schweiz.

NO.4

奶制品

瑞士有着品质优良的高山牧场，出产新鲜牛奶，新鲜奶保存、液体奶提纯和奶酪加工工艺都居于世界领先地位，奶制品如婴儿奶粉、奶片、牛初乳、奶类生物制剂等味道纯正，口感舒适，入口奶香十足。瑞士奶制品的主要品牌为艾美、百立乐、瑞福花等。

瑞福花

购买地点 Interlaken train station，Lower Bönigstrasse 5，3800 Interlaken.

百立乐

艾美

艾美

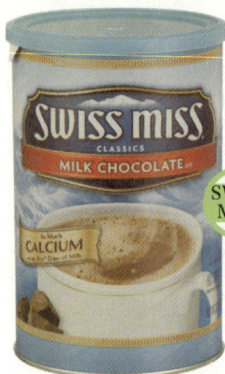

SWISS MISS

瑞士莲

Vochelle

NO.5

巧克力

瑞士巧克力奶香浓厚，味道香醇，口感光滑舒适，有一种绵长的回味感。主要的品牌有 Lindt，Teuscher，Vochelle， Swissmiss 等。

Teuscher

干酪火锅、黄金土豆饼、香肠沙拉、面包屑牛排、风干牛肉是瑞士的传统美食，在伯尔尼市中心的谷仓（Kornhauskeller）餐厅、苏黎世班霍夫大道的卡尔顿酒吧、卢塞恩熊苑附近的 Restaurant Old Swiss House 餐厅、卢塞恩老城广场的 Cafeteria Emilio 餐厅都能品尝到上述美食。

扫货地点

NO.1 拱廊

伯尔尼著名的拱廊被戏称为"世界上最大的中古式购物中心"。长达6000米的街道两侧，分布着无数的服装店、钟表店、珠宝店和食品店，Louis Vuitton，Chanel，Gucci等品牌在这里拥有规模巨大的专卖店，购物街还完好地保持着800年前的风格，顶上的玻璃天窗、天花板上的绘画、人行道上美丽的马赛克图案等，都会让你惊讶不已。拱廊里面不会被风吹日晒，购物环境特别舒适，连最挑剔的客户也会喜爱这里的购物环境。

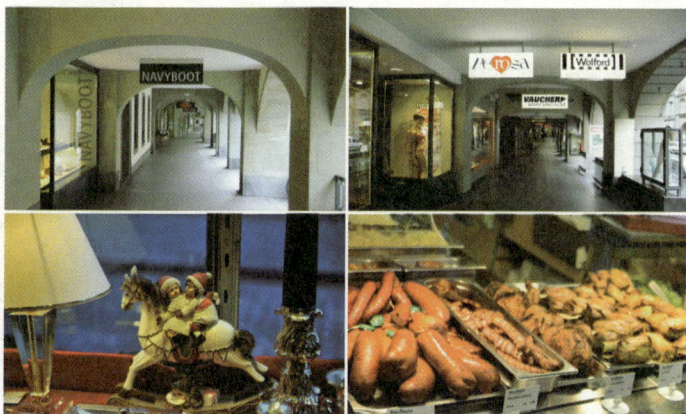

地　址 瑞士伯尔尼老城区火车站附近，最具有特色的是在克莱姆街附近。

交　通 乘坐有轨电车12路在Zytglogge站下车，步行即可；也可以乘坐火车到伯尔尼老火车站，出站就是拱廊；伯尔尼城的白尔浦机场比较小，有坐满即走的巴士到廊拱。

扫货技巧 这里是奢侈品的天堂，如果你的预算足够多，一定要为自己挑选一款喜爱的商品，特别是瑞士手表。这里的游客来得比较少，很多在首都难以挑选的款式在这里都可以找到。拱廊内的博物馆也出售一些小商品和纪念品，熊图案的冰箱贴、钥匙链和摆件都很不错。

NO.2 班霍夫大街

班霍夫大街是瑞士最大的购物街，街道两侧密布着各种奢侈品商店和百货大楼，专卖店、私人银行和咖啡屋鳞次栉比，出售各种服装、鞋子、女包、小饰品、珠宝和高级巧克力等商品，具有代表性的品牌为 Beyer，Bvlgari，Aigner，Bucheron，Ferragamo，Les Ambassadeurs Meiste，Louis Vuitton，Cartier，Gubelin，Turier 等。这是富人的消费天堂，其奢侈程度与纽约的第五大道齐名。

地 址 Bahnhofstrasse, Zurich.

交 通 大街上唯一的交通工具就是电车，任何汽车都不允许进入，大部分观光客都选择步行。

联系电话 0041-43-2439000

网 址 http: //www.bahnhofstrasse-zuerich.ch/?language=en

NO.3 COOP 超市

COOP 超市在瑞士的超市零售业算是超级航母，拥有 1700 多家零售网点，生意十分兴隆，出售各种各样的水果、米饭、调料、蔬菜和数码产品等。瑞士气候条件特殊，常年被雪山环绕，没有污染，所以水果和蔬菜都是无公害的，味道十分鲜美。COOP 超市还出售当地的各种特色生活用品、手工艺品，较大的门店也出售服装、体育用具等商品。

地 址 Interlaken train station, Lower Bönigstrasse 5, 3800 Interlaken.

交 通 飞机可以到城市机场。从日内瓦过来的火车，出站后可以在站台上等小巴士，巴士上很容易看到超市橘黄色的标志，COOP 超市靠近何维克街，巴士会停车（何维克街前面就是步行街，车辆不能进入）。

联系电话 0041-33-8261250

网 址 http：//www.coop.ch

扫货技巧 超市物品十分丰富，食材很多，食材是按照重量计算价格，购买食材前要提前计算好分量。这里的超市附设超市餐厅，可以现买现吃，也可以在超市里面加工（需要支付加工费）。值得注意的是，加工用的调料是不单独计费的，但配料如洋葱需要自己购买，否则需要按照重量计算费用。

NO.4 天鹅广场

卢塞恩的天鹅广场汇集了品种最齐全的瑞士手表和各种精美的珠宝首饰，广场上的珠宝和手表店很多，密密麻麻地拥挤在一起，装修别致，店员热情，款式让你眼花缭乱。Bucherer 和 Guebelin 两家著名的珠宝手表店卖场很大，各大品牌的珠宝和手表分别陈列，服务员可以帮你介绍手表的各种款式和性能。这些店都是信誉很好的百年老店。

地　址 Schwanenplatz，卢塞恩，瑞士。

交　通 天鹅广场离市区很近，几乎到市区的车辆都会经过这里，但是公交站离广场比较远，需要步行一段时间。旅游大巴很多，广场上停得密密麻麻。下火车后游客中心有到这里的班车（坐满就走）。

营业时间 周一至周三 9：00—18：30，周四至周五 9：00—21：00，周六 9：00—16：00，周日（夏季）部分商店从 11：00 开始营业。

扫货技巧 天鹅广场简直就是瑞士名表的天下，商场内有免费的 Wifi 可以让你随时查询价格，宝嘉尔甚至提供直接退税的服务，购买商品后将客户资料直接报给海关。前来购物的旅游团很多，几乎所有大的钟表店都有能够说中文的店员，凡是带有"银联"标志的银行卡都可以刷卡消费。

归货秘籍

在瑞士购物，如果是一次购买 300 瑞郎可以享受 7.6% 的退税，但瑞士没有加入欧元区，不能使用欧元。餐厅和出租车已经包含了服务费，不需要再支付小费。托运行李几乎免费，但是限重 25 公斤，持有有效车票就可以办理托运业务，服务费约 10 瑞郎。

免费携带的烟是 200 支（雪茄 50 支），酒水为低度酒两瓶或者高度酒一瓶。不得不提的是，瑞士最低携带烟酒的年龄是 17 周岁，低于 17 周岁的乘客携带烟酒是违法的，不能将携带的烟酒登记在未成年的孩子名下，以免被扣押无法出境。在瑞士可以去免税店一次性购买各种商品，购物后可以办理退税，退税手续统一在海关进行，无论你乘坐什么样的交通工具都需要在海关办理退税手续。部分店家实行对公业务，不需要游客自行办理（消费的时候会说明）。

在瑞士购买没有包装的食物和水果最好自己提前享用，食物上飞机需要严格的检查，同时有可能会被没收；液态化妆品需要单独托运；购买珠宝最好随身佩戴（随身佩戴的首饰不限制数量）；购买服装也要尽量穿在身上（随身可以穿任何数量的服装）。视力不好的旅客除了准备隐形眼镜外，还需要准备框架眼镜，隐形眼镜药水不能随身携带。框架眼镜如果遗失需要出示医学证明才能重新购买，购买太阳镜最好在退税后能够随身佩戴。

荷兰

特色商品

We

NO.1

品牌时装

荷 兰有很多质量上乘、设计独到的品牌时装，多为充满欧洲风情的休闲服饰，穿着舒适，可以自由搭配。现代女装能够展示女性身体曲线，但色彩和款式又不哗众取宠，能够塑造独立自主、积极阳光、健康而充满活力的女性气质。比较著名的品牌有 We, Mexx, Patta, SIS, Scotch & Soda, Peet Dullarart, Ontfront, G-Star, Gaastra 等。

G-Star

Gaastra

购买地点 Schiphol Amsterdam Airport, 1118 Schiphol, Netherlands.

Ontfront

Scotch Soda

Patta

Mexx

NO.2

飞利浦剃须刀

利浦剃须刀原产荷兰，是剃须刀品牌的佼佼者，设计精巧，手柄能够自如把握，刀头能够很好地贴合皮肤曲面。在荷兰购买，不仅价格更便宜，而且还能买到最新款的产品。

购买地点 Schiphol Amsterdam Airport，1118 Schiphol，Netherlands.

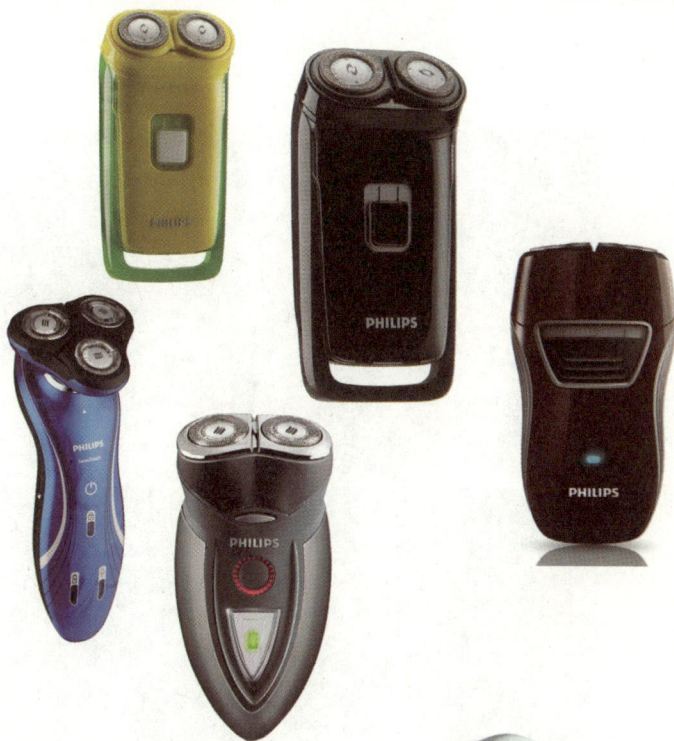

Coster Diamond

Coster Diamond

Van Klaren

NO.3

钻石首饰

姆斯特丹是世界上最著名的钻石加工中心，有着精湛的切割工艺，完美的首饰设计，技术力量雄厚的研发团队，设备精良的生产线……荷兰钻石玲珑剔透、美丽精致、款式新颖，Coster Diamond，Van Klaren 等都是最著名的钻石品牌。

购买地点 考斯特钻石工厂，Paulus Potterstraat 2，1071 CZ Amsterdam，Nederland.

联系电话 0031-020-3055555

营业时间 周一至周日 9：00—17：00。

NO.4

手工木鞋

手工木鞋是荷兰的国粹，木鞋材料为防腐耐磨的木料，制作精美，大部分木鞋表面都有美丽的手绘图案，既有传统的款式，又不断地推出了很多新款。木鞋穿着十分舒适，尤其是在低洼和雨水多的地方，厚底设计使得穿着木鞋者可以轻松地从积水的路面上走过。在阿姆斯特丹很多地方，手工艺人可以为客户量脚制作，也可以按照客户的要求绘制指定的图案。

购买地点 辛格鲜花市场，Singel 610-616，Amsterdam，Nederland.

联系电话 0031-020-6258282

营业时间 周一13：00—18：00，周二至周五9：00—18：00，周六9：00—17：00，周日休息。

NO.5

传统工艺品

荷 兰的蜡烛加工业很发达，这里的蜡烛色彩繁多，有各种复杂的花纹，制作精美，可以制作成各种形状，如桃尖形、条形、树形、螺旋形……点燃后香味芬芳怡人。传统工艺品如风车、水车等，也是游客喜爱的商品。

购买地点 De Bijenkorf 购物中心，Dam 1, 1012 JS, Amsterdam, Nederland.

联系电话 0031-020-6218080

营业时间 周一至周日 8：00—20：00。

EDAM

ERU

NO.6

奶酪制品

荷 兰是世界上奶酪质量最好、产量最多的国家，也是唯一可以参照酒水品质来进行分级的国家。奶酪不仅可以凝固后像砖头一样的存储起来，而且不同等级的奶酪不仅价钱差异大，用途也大不相同。黄波奶酪是当地最著名的奶酪品牌，产量占到了50%，La Vache、皇冠、ERU、EDAM 等品牌的质量都不错，只是口味有些不同。

洋葱拌生鲱鱼、培根煎饼、黄波奶酪、甜饼是荷兰的传统美食，在阿姆斯特丹中心火车站附近的 Manneken Pis、莱兹广场边 PancakeCorner 餐厅和鹿特丹市的港口公园的 Restaurant Pakhewel 餐厅都能品尝到这些美味。

扫货地点

NO.1 史基浦机场购物中心

史基浦购物中心位于阿姆斯特丹的史基浦机场内，占地很广，出售来自世界各地的品牌服装、手表、首饰、酒水等商品。购物中心不仅商品极多，而且折扣很大，办理退税和货物托运更是方便快捷。赌场在当地是合法的，在出示护照和登机证后，可以在轮盘或老虎机上碰碰手气。

地　址 Schiphol Amsterdam Airport，1118 Schiphol，阿姆斯特丹。

交　通 史基浦火车站就在机场候机楼的地下1层，来自史海牙、鹿特丹、阿姆斯特丹等地的火车都在这里停靠。荷兰的大部分旅馆提供免费巴士送客人到机场，也提供免费叫车服务。

营业时间 周一至周日10：00—19：00。

扫货技巧 机场有很多折扣货品，价格上有很多优惠，珠宝、时装、皮件、电子产品、香水等应有尽有，各大品牌的商品都在这里销售，质量有保证，款式也很多。荷兰是一个布满了鲜花的城市，70%的鲜花都是从这个机场走向了世界各地，甚至连郁金香的种子都有出售。

NO.2 第九街

第九街是阿姆斯特丹最古老的商业街之一，是一条联通 Leidsestraat 商业区和约旦区之间的商业通道，充满了浓浓的艺术风情。不长的小街上，遍布着各种风格的咖啡厅、艺术画廊和珠宝店，复古味道的商店和精品店也是应有尽有。这里出售的商品有服装、鞋包、首饰、化妆品、咖啡、葡萄酒和奶酪等。

地 址 De Negen Straatjes，Singel–Prinsengracht，Amsterdam，The Netherlands.

交 通 第九街位于 Raadhuisstraat 和 Leidsestraat 两街之间，离中央火车站不远，几乎所有的有轨电车或公共汽车都会停靠在这里，但小街离火车站还有一段距离，需要步行前往。

网 址 http：//www.de9straatjes.nl/nl/home

扫货技巧 这里出售各种品牌商品，有很多艺术品也在这里出售。如果你有时间，最好慢慢地去这些艺术小店里面坐坐，听一听艺术家们的故事。有很多限量版或者绝版的商品在这里出售，鞋子的款式真是太棒了。

NO.3 鲁尔蒙德奥特莱斯 （Designer Outlet Roermond）

鲁尔蒙德（Roermond）地处荷兰、德国、比利时交界处，因为巨大的 Outlet 而闻名。这里汇集了各大品牌的商品，如 Prada，Burberry，BOSS，Gucci，Armani 等，很多货品的价格低于 5 折。此外，来自德国的各种高质量锅具和菜刀在这里都有出售。

地 址 Designer Outlet Roermond，Stadsweide 2，Roermond，6041 TD，The Netherlands.

交 通 阿姆斯特丹中央火车站每半小时一班火车到达 Roermond，出站后可以看见指示牌，需步行 10 分钟。位于科隆的中央巴士站有直达车，不过每天仅一个班次（火车站后门附近）。

联系电话 0031–47–5351777

营业时间 周一至周三、周五 10：00—19：00，周四、周六、周日 10：00—20：00。

网 址 http://www.mcarthurglen.com/nl/designer–outlet–roermond/nl/

扫货技巧 如果是自驾前往一定要早一点去，中午时候没有车位。Miss Sixty 的服装很不错，耐克、阿迪和锐步有很多特价商品，特别适合喜欢穿大码服饰的人。Prada 的店内有很多中国人，需要自己去挑选款式。德国的各种餐具和锅具实在是太棒了，有很多捆绑销售的种类。

NO.4 莱班商业街

莱班商业街位于鹿特丹市的中心地带，是世界上最早的步行街之一，步行街没有机车道，需要全程步行。莱班商业街约 800 米长，有很多百年老店，出售品牌服装、鞋包和各种皮具，也有不少图书店和工艺品店可以供你消磨时间。几处露天咖啡馆也为这个绿树成荫的古老步行街增添了几分韵味。

地 址 Lijnbaan, 3012 EL Rotterdam Nederland.

交 通 乘坐城市地铁到 Beurs 站下车出站，然后步行到商业街即可，地铁口有指示路标；乘坐公交 21 路有轨电车到 Beurs 站下车步行。

联系电话 0030-10-4148202

扫货技巧 莱班商业街出售的商品种类很多，有一些来自世界各地的名牌商品，也有一些荷兰本土品牌的商品，特别是荷兰本土品牌的服装。这里相对人流比较少，有些安静，适合你慢慢坐下来，挑选自己喜欢的服装。当地人喜爱的葡萄酒和奶酪也很不错，而本土工艺品也备受游客的欢迎。

归货秘籍

荷兰的钻石价格低廉，游客凭护照可以享受免税优惠。荷兰的奶粉品质也不错，但如果是专程过来买奶粉的话，需要注意限购，很多超市和商场只能一次购买两罐奶粉。Gucci在荷兰折扣很多，往往能够享受到5折以下的低价，Chanel墨镜、Miumiu钱包、Nine West鞋子都是中国游客喜爱的商品。荷兰的服装和鞋子尺码比较大，只适合部分亚洲人的身材，但是包具却备受亚洲人喜爱。不仅可以购买公文包，而且一些旅行包具如新秀丽的拖杆箱也完全可以买入。因为毗邻德国，很多德国人也在这里购物，德国货物品种也很多，特别是厨房用具。

购物后需要托运自己的行李，机票上会对其有说明，大约是经济舱23公斤、公务舱30公斤、头等舱40公斤，机场检查十分严格。旅行团的票往往是打折的，所以一般都是按照下限来办理托运，而荷兰飞往欧洲的飞机很多，到亚洲却很有限，直飞中国的航班很少，不建议购买笨重的货物。荷兰曾经使用荷兰盾，但是现在都使用欧元，不用担心货币问题。机场可以兑换钱币，但是大型购物中心或者专卖店都可以刷银联卡，办一张国际信用卡即可。

希腊

特色商品

Oxette

NO.1

珠宝首饰

希 腊珠宝特色十足，设计感很强，主要制作材料为合成白银、彩色宝石、合成宝石、合成水晶等，由于全部使用手工制作，每一款产品都显得精致美丽，能够很好地体现出女性的优雅气质。Oxette，Luisir，Monete 是希腊著名的珠宝品牌。

购买地点 Leoforos Eleftheriou Venizelou 9, Athina 106 76, Greece.

Oxette

Oxette

Monete

Oxette

NO.2

希腊风格饰品

希腊人很喜欢佩戴白银首饰，镶嵌彩色宝石的白银，经过了镂刻和雕花工艺后显得独具特色，充满浓厚的地中海风情。当地的玳瑁首饰款式也很多，从最简单到最复杂的款式应有尽有，大小不一，价钱各异，只要用心去选择，就一定会找到最适合自己的那款。

购买地点 宪法广场埃尔姆（Ermou）大街首饰专卖店，雅典波拉卡旧市街东正教教堂露天集市处。

Folli Follie

Folli Follie

NO.3

皮革制品

希腊人喜欢身着皮革制作的服装和鞋子，耐穿，容易打理，带有浓郁的地中海风情。尤其是皮革制作的服装，不仅裁剪十分贴合身体曲线，而且还在皮革上刺绣了美丽的花纹，或者镶嵌有贝壳、珍珠、金属钉、拉链等装饰物，看起来与众不同，格外美丽。希腊著名皮革品牌有FolliFollie，Avanti Furs 等。

购买地点 地铁 Neratziotissa 站 He Mall 购物中心。
营业时间 周一至周五 10：00—21：00，周六 10：00—20：00。
网　址 http：//www.themallathens.gr

Avanti Furs

Avanti Furs

NO.4

传统工艺品

雅 典是一座充满了浓郁艺术气息的城市，街道密布着各种古董店和工艺品店，小店出售各种塑像、古董复制品和陶瓷器皿、艺术摆件等，这些带有浓郁地中海风情的小物，一定会给你的旅行增加别样的光彩。

购买地点 地铁绿线 Monastiraki 站跳蚤市场。
营业时间 9：00—21：00，全年无休。

NO.5

橄榄制品

希 腊盛产橄榄，初榨橄榄油纯度高，色泽晶莹透亮，没有悬浮物和杂质，味道香浓，是制作各种菜系的必备品，主要品牌有 Kritsa 03，Peza Irakliou，Terra Creta Kolymvari Hania，Gaea from Sitia 等。经过提纯后的橄榄油也可以制作成各种化妆品和皮肤护理系列，能够制作成男士、女士和儿童套系，对保持皮肤弹性、抗衰老等都有很好的作用。晒干后的橄榄制作的蜜饯、粉末、饼干等食物味道也很不错。

购买地点 地铁蓝线宪法广场站 Panepistimou 处，Attica Department Store 商场。

Kritsa 03

Terra Creta

NO.6

天然海绵

全 世界超过 70% 的海绵都是来自爱琴海，希腊海绵质地柔软，吸水性强，色彩柔和，从洗脸到洗澡，从化妆到卸妆应有尽有，各种不同尺寸和造型的海绵制品，都能够长期使用。经过多次处理后的海绵，还可以在医疗上使用。

购买地点 地铁蓝线宪法广场站 Panepistimou 处，Attica Department Store 商场。

土羊肉、羊肉起司、海鲜拼盘（内有鱼、虾、蟹、贝壳、蛤蜊等）、油炸小鱿鱼、姜葱、穆萨嘎、茴香酒、希腊沙拉等都是希腊传统的美食，在雅典普拉卡购物区的哈德良大街上 NTONcIE 餐厅、雅典卫城山门处的 Greek House Attikos（停车场附近）餐厅都可以品尝到这些美味。

扫货地点

NO.1 Attica Department Store

Attica Department Store 是雅典最大的商场，共 5 层楼高，位于宪法广场到雅典大学的路上，出售超过 850 个品牌的商品，品牌服装、化妆品和鞋包的款式都很新颖，Burberry，Loewe，Alexander McQueen，Boss，Versace 等品牌也在这里销售。希腊本地出产的纯天然原料制作的 Korres 和 Apivita 化妆品品牌的产品也十分抢手。

地　址 Leoforos Eleftheriou Venizelou 9，Athina 106 76，Greece.

交　通 乘坐地铁蓝线宪法广场站（Panepistimou），沿着出口步行约 10 分钟，地铁口有指示路标。

营业时间 周一至周五 10：00—21：00，周六 10：00—19：00。

联系电话 0030-21-11802600

扫货技巧 1 楼化妆品可打折，需自行议价，购买套装比较划算。在这里购物加起来超过 120 欧元就可以退税，手续方便。商场不提供餐饮服务，需要自己计划好行程。

NO.2 奥特莱斯购物中心

雅 典奥特莱斯购物中心只有两层楼高，占地面积超过 20 000 平方米，内设长廊，内有超过 110 家商铺，出售从服装到鞋类，从美容到化妆的各种货品，商品大部分可以享受 5 折优惠，部分品牌部分时段享受 3 折优惠，主要的品牌有 Moschino，Nike，Salvatore Ferragamo，Adidas，Gant，Lacoste，Versace 等，可以充分满足吃、购的需求，是一个巨大的综合性购物集市。

地 址 Block E71 Gialou，Athens，19004，Spata，Greece.

交 通 乘坐公交 319 路可直接到达；商店有免费班车往返雅典市宪法广场（Syntagma Square）和购物中心；机场有直达大巴（距离机场仅 15 分钟）；自驾前往从雅典市区出发，Imitou Periferiak 终点或者从阿提卡路 16 号出口处进入购物村，约半小时到达，出口处有指示路标。

营业时间 周一至周五 10：00—21：00，周六 10：00—20：00，周日休息。

网 址 http：//www.mcarthurglen.com/gr/mcarthurglen-athens/en/

扫货技巧 这里的货品品牌很多，Polo Ralph Lauren 是最早的时装品牌，Diesel 等都市时尚品牌也可以在这里买到。购物村内有儿童乐园，可以将孩子寄存在这里然后再扫货，来自希腊本土的品牌和世界名牌都很多，但尺码不足，需要自己挑选合适的尺码。

NO.3 普拉卡购物区

这 里的货品多为希腊特色的商品，如仿古的希腊铜像、陶器、画盘、古地图、橄榄油制品、玩偶、油画、手工皮革、天然海绵、干果等，当地最著名的蓝眼睛吊饰也在这里销售。黄金白银制作的饰品款式很多，也可以为游客现场加工，但手工费昂贵。

地 址 Plaka, Kapnikareas 7, Athina 105 56, Greece，普拉卡购物区位于地铁站（Monastiraki）和宪法广场（Syntagma）之间。

交 通 乘坐城市地铁到 Monastiraki 地铁站，下车需要步行进入购物区（购物区不允许车辆进入）。

营业时间 9：00—22：00，周末部分店铺不营业。

联系电话 0030-21-03222096

扫货技巧 讨价还价在这里十分流行，最多能打 7 折，店主一般会几句简单的汉语。Adrianou 街、Kidathineon 街两条小街上有很多餐馆和咖啡厅，甜品味道不错。

NO.4 伊格那梯亚大道

伊 格那梯亚大道位于希腊第二大城市塞萨洛尼基市中心，这里有很多室内商店，装修很有特色，出售各种手工艺品、服装、鞋类和食物，这些商店的所有商品都可以讲价，但是食物为明码标价，不可以讲价（食物议价是不文明的行为）。出售的青铜制品、艺术品、皮草、皮鞋、皮包等都是游客喜爱的商品。

地 址 茨米斯基街、伊格那梯亚街、威尼斯街、安吉亚斯索菲亚斯街、埃蒙街、米特罗波利斯街等，都是小街，需要自己看路牌。

交 通 希腊1号、2号、12号州际公路可以到达塞萨洛尼基市，汽车站有到市区的公共巴士（所有线路的公共巴士都到伊格那梯亚大道）。

营业时间 星期一、三、六9：00—15：00，星期二 9：00—20：00，平时很多商家不营业。

扫货技巧 大道上的小街往往出售同类商品，比如彻科恩街就出售很多铜器和青铜器；Stoakarasso 和 Bezesteni 出售珠宝和首饰；几个古老的市场 Vlali, Kapani, Agorasolomou 和 Vardaris 都比较小，出售鲜花、牛肉、生活用具和一些小玩意儿。

扫货秘籍

希腊属于欧元国家，但一直流传着退出欧盟的传闻，欧元汇率下降往往会引发欧洲的购物潮，但去希腊的游客却少了很多。希腊在国内的很多城市都没有直飞航班，国航有北京到希腊的航班。

希腊货币和国内银行的合作很少，很多银行都不能在希腊刷卡消费，需要提前去民生银行办理人民币欧元双币借记卡，并按照规定预存一笔钱（只能周一到周五工作日办理），华夏银行也可以办理此类业务。人民币在欧洲不太好兑换（有时候 10 元人民币都不好换一欧元），最好在国内提前换好。中国银联的信用卡只有在宪法广场可以取现，手续费很贵，不推荐使用。

办理退税在海关办理，机场有退税公司的柜台（一般只有大的百货公司才有），所以最好都在大型的百货公司里面购物。退税的币种可以选择，一般可以退希腊货币、欧元和美元，但是最好要求退希腊货币（不取现），回国后再在兑换成人民币，这样汇率比较划算（甚至有的时候汇率浮动到一定程度还可以小赚一笔）。

希腊总体治安比较好，但是雅典协和广场（奥莫尼亚广场）治安很差，需要避免进入。购物后最好不要走地铁蓝线，亚洲人喜欢携带现金的习惯往往会被小偷盯上（护照丢了补办很麻烦，而且返程机票也不好订），最好在宪法广场的地铁口乘坐 95 路机场巴士。橄榄油之类的护理品，尽量选择相对干燥的霜类、粉类、膏类和块状物，水类和油类物质需要经过严格检查，长途运输还需要用泡沫包装，托运价格很高。

特色商品

Vero Moda

Only

NO.1

时 装

丹麦时装品牌很多，优美典雅、款式简洁、做工良好，贴合身体线条，以素雅的色调为主。主要的品牌有 Vero Moda、Only、Jack Jones、Day Birger et Mikkelse、SAND、Wheat、Just Female、Mildtree 等，充满了都市风情。

购买地点 格辛百货店，Kongens Nytorv 13, Copenhagen.

SAND

Wheat

Jack Jones

NO.2

室内装饰品

丹 麦的室内装饰品款式很多，带有典型的北欧风格，色彩多以素色为主、质量上乘，视觉效果温馨舒适，很多装饰品甚至为英国王室量身定做。主要的品牌有 Ferm Living，BoConcept，Hersta，Evasolo，Menu，Tine K Home 等。

购买地点 帕乌斯蒂昂专卖，**Kalkbranderilobskaj 2，Copenhagen.**

Menu

Menu

Ferm Living

Hersta

Tine K Home

丹拿

NO.3

音 响

丹 麦音响在国际上较为出名，没有杂音，立体声、低音炮等效果十分好，从最简便的便携音箱到发烧友级别的音响一应俱全，让你能够在家里享受电影院的音响效果。在丹麦购买音响，价格上也有不少的优势，主要品牌为 B&O、丹拿、皇冠等。

购买地点 邦恩与奥鲁夫森专卖，Ostergade 3-5，Copenhagen.

皇冠

B&O

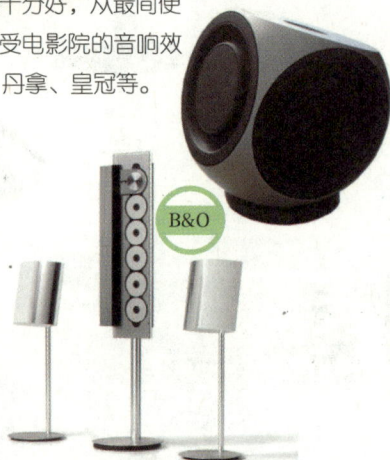

NO.4

银 器

丹 麦人曾经开玩笑地说，如果银器能够讲话，一定会说丹麦语的。丹麦银器品种繁多，从实用的餐具到酒器，从工艺摆件到家居用品应有尽有。丹麦人也很喜欢佩戴银子制作的首饰，项链、手链、戒指、丝巾扣等品种繁多，他们的定情信物也往往是用银制作而成。

购买地点 汉纳·古恩德拉克专卖，Bredgade 56，Copenhagen.

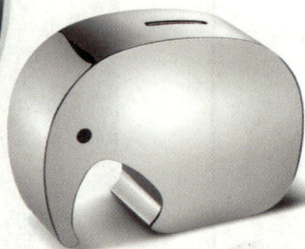

NO.5

传统手工艺品

丹麦的手工艺品制作工艺复杂细腻，手工玻璃、琥珀、挂件、陶瓷等都自有一番风韵。很多特色的手工艺品，如刺绣的台布、桌布、靠垫、手巾等图案精美，图案设计往往不温不火，而且有很多男女同款的设计，让人爱不释手。

购买地点 蒙塔纳屋Montana室内装饰用品专营店，Bredgade 24，Copenhagen.

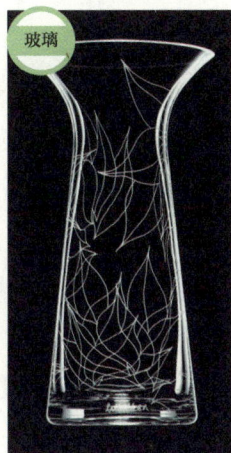

玻璃

玻璃

陶瓷

琥珀

刺绣

NO.6

乐高积木

_丹 麦特色玩具乐高积木是一种益智玩具，通过对零件的组装和对图块的拼接来完成各种造型，款式极多，从最简单的设计到最复杂的设计应有尽有，色彩也很美丽，适合儿童和成人玩耍。乐高积木已经从丹麦走到了各大洲，成为一种超越了语言障碍的"世界玩具"。

购买地点 Illum 百货商店，Ostergade 52，Copenhagen.

脆皮烤乳猪、土豆炖牛肉、牛肉汉堡配洋葱、水煮鳕鱼配芥末、海鲜拼盘都是丹麦的特色食物，可以在哥本哈根大学旁的 Cafe Paludan 餐厅、哥本哈根商圈内的 Conditori La Glace 和 Kong Hans Kælde 餐厅里享受这些美味。

扫货地点

NO.1 玛格辛（Magasin）百货公司

玛格辛（Magasin）百货公司是丹麦最大的百货公司，位于哥本哈根市中心。该公司的历史可以追溯到 1868 年，现有 7 层楼的营业面积，出售来自世界各地的商品。丹麦本土的商品品种也十分丰富，服装、化妆品、图书、装饰、厨具、美食等应有尽有，最受欢迎的商品是 Only，Vero Moda，Jack Jones 等品牌服饰。

地　址 Magasin，Kongens Nytorv13，Copenhagen.

交　通 从市政厅可以乘坐观光巴士，车上往往配有英语导游，巴士可以到达百货公司附近，然后再步行前往。

营业时间 周一至周四 10：00—19：00，周五 10：00—20：00，周六 10：00—17：00，周日不营业。

联系电话 0045-03-3114433

扫货技巧 丹麦购物最好集中在一家商店进行，便于退税。税收是 25%，超过了 300 克朗后可以退税。玛格辛（Magasin）百货公司集中了本土的高端品牌，在打折季来临的时候可以享受到 3 折的折扣，ACNE 品牌在丹麦购买价格很便宜。

NO.2 哥本哈根百货商店

I llum商场位于哥本哈根市中心，是哥本哈根最大的商店，汇集了来自世界各地的服装、皮鞋、皮包、化妆品和珠宝等商品，其中包括大量奢侈品品牌。在地下超市还可以购买到美味的丹麦调料，不妨买一些回去。

地　址 Illum, Ostergade 52, Copenhagen.

交　通 从市政厅可以乘坐观光巴士，巴士可以到百货商店附近，然后再步行前往，商场位于 Strøget 大街和 Købmagergade 大街之间。

营业时间 周一至周四 10：00—19：00，周五 10：00—20：00，周六 10：00—17：00，周日不营业。

联系电话 0045-03-3144002

扫货技巧 百货商店除了各种服装和皮鞋外，也有当地的食品出售，各种大小的包装奶酪也不错，值得品尝和购买。打折季节中的品牌服装价格十分优惠。

NO.3 Royal Copenhagen

R royal Copenhagen 是哥本哈根一家历史悠久的商店，已营业了 200 多年，出售的商品质量上乘，款式新颖，羊毛垫子、大衣、皮衣、皮靴、皮包、各种化妆品都是备受游客喜爱的商品。但该商店的商品价格较贵，是丹麦王室采购商品的定点商店。

地　址 Royal Copenhagen, Amagertorv 6, Copenhagen.

交　通 从市政厅广场沿着步行街前往，可以看到 Royal Copenhagen 的招牌。

营业时间 周一至周四 10：00—18：00；周五 10：00—19：00；周六 10：00—17：00；一般周日不营业，但是在打折季（每年 7—9 月）12：00—17：00 也营业。

联系电话 0045-03-3137181

网　址 http：//Royal Copenhagen.com/cn

扫货技巧 商品售价较贵，但是购买系列产品或者套装会有一定的优惠，可以使用积分卡。店内的服务特别好，部分品牌可以在商场内办理长途托运。虽然该商店的商品价格较贵，但 2 楼有折扣区，出售的商品价格较低。

NO.4 毛衣市场 Sweater Market

哥 本哈根的毛衣市场是选购毛衣的不二选择。毛衣具有明显的北欧特色，简单朴实，款式简洁，质量上乘，不仅有当年新款，也有因为受到顾客的喜爱而不断再版的传统款式。市场十分热闹，手工艺人还能现场编织各种毛衣和毛织品，手套、袜子、毛裙、围巾等配件在这里也很畅销。

地　址 Sweater Market，Frederiksberggade 15，Copenhagen.

扫货技巧 毛衣市场的成品毛衣价格很优惠，但是往往不能试穿，因此购买之前最好提前量好自己需要的尺码。

NO.5 丹麦琥珀屋

琥 珀是丹麦的特产，经过加工后可以做成手链、项链、戒指和各种装饰品，也可以做成居家摆件。哥本哈根有 4 家琥珀屋，专门出售各种各样的琥珀产品。位于新港（Nyhavn）入口处的琥珀屋旗舰店，建于 1606 年，现在出售各种琥珀艺术品，有的镶嵌有黄金、珍珠和皮草，在灯光下看起来十分迷人。

地　址 Kongens Nytorv 2, 1050 Kø benhavn K 丹麦。

营业时间 5月1日至9月30日：周一至周日9：00—19：00；10月1日至4月30日：周一至周日10：00—18：00；12月24，25，26，31日和1月1日不营业。

联系电话 0045-03-3116700

NO.6 Georg Jensen

G eorg Jensen 商店是丹麦珠宝大师乔治·杰生创作的顶级家居店，出售最好的餐具和首饰品，在当地几乎成为丹麦银器的代名词。商店出售银餐具、银首饰、琥珀、珍珠、皮革镶嵌品、戒指、桌面、烛台等商品，在世界范围内有60多家分店。

地 址 Georg Jensen，Amagertorv 4, 1160 Copenhagen K.

交 通 沿步行街（长街）一直走到皇家哥本哈根瓷器店旁，店外有明显的标志。

营业时间 周一至周五10:00—18:00，周六和周日11:00—16:00。

联系电话 0045-03-3114080

网 址 http://www.georgejensen.dk

扫货技巧 Georg Jensen 出售各种高端银器，可以直接办理退税业务，商店是英国皇室的定点采购点，有很多做工十分精美的产品。商品售价昂贵，每一件都经过了精心的选择，服务生训练有素，你可以请他们帮忙拿主意。

丹麦税籍

丹麦的消费水平在欧盟国家中名列前茅，每一笔消费都要缴纳 25% 的增值税，1 瓶可乐约 25 元人民币，但是受到出口渠道的影响，"老干妈"油辣椒、"涪陵"榨菜、"桂林"豆腐乳比国内还要便宜（飞机上不允许携带此类产品，如果在丹麦购买后没吃完也需要丢弃，否则不能登机）。

兑换丹麦克朗会收取手续费，而且人民币不容易兑换，建议在国内兑换好美元或者欧元，再到丹麦兑换丹麦克朗或者直接使用欧元。凡是有银联标志的商家都可以刷卡，建议使用银联借记卡（刷卡额度需要提前设置，需要将人民币转为美元或者欧元标准）。丹麦退税比较复杂，需要认定经过丹麦是旅行的最后一站才能享受退税待遇，如果你经过丹麦再去德国，退税就不能在丹麦办理。退税需要在有退税购物 (Tax Free) 标志的购物点索取退税单，出境后持有护照、退税单和所购商品去办理退税手续。从你购买所携带的第一件商品开始计算退税日期，超过 30 天就不能享受退税待遇，退税商品需要完好未拆封。丹麦自由行饮食消费很贵，最好跟着旅行团一起出行。

第2章 Chapter2

亚 洲

最时尚，最潮流，最古老，最传统。

亚洲永远不缺时尚，也不乏传统与经典。

这里有香港、首尔、东京、迪拜等一流的国际化大都市，

中环、铜锣湾、明洞、新宿……

无一不是世界顶级的扫货天堂。

这里也有曼谷、河内、吉隆坡等传统民俗浓郁的都市，

考山路、三十六行街……

不仅可以买到精致的传统工艺品，

也能闻到浓浓的人情味。

中国香港·中国台湾

中国香港

特色商品

周生生

NO.1

黄金珠宝

周生生

香港是免税港，没有关税和增值税，珠宝价格甚至比原产地更便宜。珠宝款式很多，上新和巴黎同步，几乎每天都推出新款，吸引了众多游客前来购物。香港黄金成色比内地高，达到99.99%的纯度。珠宝以品牌销售为主，可以使用各大银行的银联刷卡，无手续费和汇兑损失，周大福、周生生和六福珠宝是著名的珠宝销售连锁品牌。

购买地点 中环香港站国际金融中心卖场内。

周大福

周大福

六福

WHITE MUSK LIBERTINE
SOLID PERFUME
PARFUM SOLIDE
13 g (0.45 OZ)

VITAMIN E BODY LOTION
All over moisture with a protective vitamin E shield to keep skin soft and supple.
ALL SKIN TYPES.
VITAMINE E LAIT CORPOREL
250 ml (8.4 US FL OZ)

ELDERFLOWER UNPERFUMED EYE GEL
FLEUR DE SUREAU GEL CONTOUR DES YEUX SANS PARFUM

VITAMIN E EYE CREAM
Helps reduce appearance of fine lines, puffiness and dark circles.
ALL SKIN TYPES.
VITAMINE E CRÈME CONTOUR DES YEUX

TEA TREE CONCEALER ARBRE À THÉ CORRECTEUR
4.5 g (0.15 OZ)

TEA TREE CONCEALER ARBRE À THÉ CORRECTEUR

The Body Shop

NO.2

化妆品

香 港汇集了各个品牌的化妆品，这些品牌极多的化妆品不仅在大型商场出售，在当地的连锁药店也有出售，部分药妆需要凭处方购买。高档化妆品因为没有关税和打折促销的价格会有不少优惠，Gucci Envy 品牌的香水价差很大，The Body Shop 内地没有官方销售渠道，在香港买入很划算。

购买地点 香港地铁尖沙咀站 B1 出口龙城大药房；香港铜锣湾的崇光百货。

GUCCI ENVY me

GUCCI ENVY

GUCCI ENVY me

GUCCI Eau de Parfum II
Gel Douche et Bain
Bath and Shower Gel
200 ml ℮ 6.8 FL OZ

ENVY me

Gucci Envy

NO.3

奢侈服装和箱包

香 港汇集了来自全球的奢侈服装和箱包，最集中的地方是在尖沙咀的海港城，Louis Vuitton，Herme's，Gucci，Giorgio Armani 等著名的奢侈品牌商品款式极多，还有很多亚洲旗舰店出售各大品牌的皮包，售价虽然不菲，但是这些商品确实做工精细，在此购买不仅价钱优惠，而且如果遇到汇率变动还可以再赚上一笔差价。

购买地点 香港铜锣湾希慎道 33 号利园一期 G02–04&109–110 号铺爱马仕专卖店；香港铜锣湾白沙道 11 号 1 楼徐濠萦 LigerStore 时装店；香港中环毕打街 7–17 号置地广场地下 G23–30 号铺 Gucci 专卖店；铜锣湾轩尼诗道 555 号 SOGO 崇光铜锣湾店。

阿玛尼

古驰

古驰

阿玛尼

古驰

爱马仕

劳力士

NO.4

名 表

去 香港一定不要错过购买名表的机会，这里的手表款式新颖，品牌众多，劳力士、帝陀、卡地亚、欧米茄……推出了很多新款。以装饰为特色的手表款式，混搭着黄金、皮草、珍珠等流行元素，功能性和实用性都能满足你的需要。

购买地点 铜锣湾告士大道 250–254 号伊丽莎白大厦地下 G1–G2 铺德信表行。

交 通 乘坐香港地铁至铜锣湾站 C 出口，
步行 5 分钟即可。

欧米茄

帝陀

卡地亚

NO.5

眼 镜

香 港的眼镜品牌众多，几乎可以购买到来自世界各地品牌的眼镜，这些高级眼镜不仅在高级百货商场里面出售，也在品牌连锁店的眼镜店出售，高登眼镜、艺视眼镜等都是当地分店很多的连锁眼镜店。眼镜特别是太阳镜在暑假会有很大力度的促销活动，圣诞前后的打折活动也很多。

购买地点 九龙尖沙咀广东道 2 号 A1881 HOUSE 2，
PUYI OPTICAL 眼镜店。

艺视

高登

NO.6

3C产品

香 港的数码产品远近闻名，无论是电子产品还是数码相机，或者配套的小配件都能激起你的购物欲望。电子产品款式新颖，功能齐全，价格优惠，高端产品的外观十分精美，还有很多针对女性用户和儿童用户设计的个性化款式。因为紧跟潮流，这里打折的款式完全可能是内地还未到货的。如果你有心选购，可能还可以赚上一笔差价。

购买地点 九龙尖沙咀广东道 3-27 号海港城海洋中心 312-325 铺丰泽电器。

交 通 港铁尖沙咀站 A1 出口处。

香港有很多美食，鸳鸯奶茶、杨枝甘露、菠萝油、蛋挞……都是香港特色美味。香港铜锣湾勿地臣街 1 号的时代广场不仅出售香港美食，也出售来自世界各地的美味如中国的川菜、意大利菜、墨西哥菜……冻奶茶、葱油鸡扒拌面、猪扒包、丝袜奶茶是香港著名的美食，可以在位于中环的结志街 2 号的兰芳园茶餐厅享受。品尝烧鹅、皮蛋和鹅肝香肠的地方是在中环威灵顿街 32-40 号镛记大厦（兰桂坊旁）。

扫货地点

NO.1 海港城

这是香港最大的商场，拥有 400 多家店铺，同时也收集着来自世界各地的品牌，比如寻常可见的 Louis Vuitton 或者 Lane Crawford，也有比较少见的品牌如 Cerruti 1881。徘徊其中，看到来自各个时代，表达着各个风格的商品，一定会让你恍然如梦，有了"穿越"的感觉。

地　　址 香港九龙沙家咀广东道 3—27 号。

交　　通 港铁尖沙咀、尖东站 L5 出口，出地面后沿北京道走到天星码头，出门即可。

营业时间 10：00—22：00

联系电话 00852-21188666

网　　址 http://www.harbourcity.com.hk/tw/

扫货技巧 海港城内部分品牌折扣很多，如巴宝莉的包，大部分的款式都可以 7 折优惠。海港城外的 SSS 或者 Louis Vuitton 排队的人很多，从广东道进来的人也许需要排队几个小时才能进店，但是从海港城进来就不需要排队。海港城 Kate Spade 包也很不错。Chanel 专卖店很挤，最好一早就去排队。

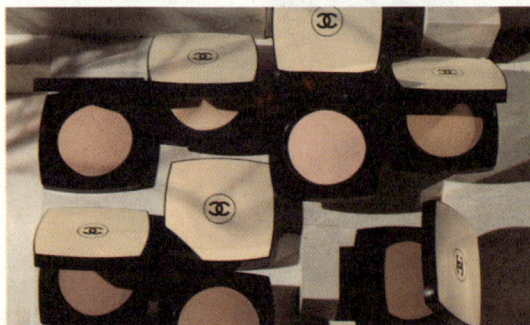

NO.2 东荟城名店仓

香 港东荟城名店仓是典型的工厂店，店内比较混乱，商品丰富，价格便宜，试衣间很拥挤，周末的时候往往人山人海，但是物品绝对超值，因此依旧吸引了很多人前来购买。出售的品牌很多，如 Coach，Burberry，Polo，Tommy Hilfiger，Levi's 等品牌的打折品，全年享受着 3~7 折优惠。

地 址 大屿山东涌达东路 20 号，东荟城名店仓。

交 通 乘坐香港东涌线到东涌站下车，C 出口处出站，步行 10 分种即可。

营业时间 10：00—22：00

NO.3 SOGO 崇光铜锣湾店

该 店是以年青的客户为服务对象的日式百货公司，主要出售日本品牌的商品，是香港最大的日式百货公司，营业面积有 10 多层，1 楼出售化妆品和钟表，可以购买资生堂、兰蔻等护肤化妆品，2 楼出售珠宝、手表等奢侈配件，3 楼以上全部为服装，你尽可以选择各种你喜欢的服装款式，无论你喜欢成熟的装扮，还是喜欢青春的少女款式，都可以找到自己喜欢的商品。

地 址 铜锣湾轩尼诗道 555 号（近铜锣湾地铁出口）。

交 通 乘坐香港铁铜锣湾站 D2 出口，下车步行即可。

营业时间 周一至周四 10：00—22：00，周五、周六及节假日 10：00—22：30。

联系电话 00852-28338338

网 址 http://www.sogo.com.hk

扫货技巧 该店的化妆品品种很多，日系化妆品多在 2 楼，购买十分划算，Gift 等品牌还有不少优惠活动。店内每年有两次周年庆，当天推出的套装很划算。店内的男性服务员很多并且服务也很好，如果购买电器、小机械产品、男士服装等最好请教他们。

NO.4 新海怡广场

新海怡广场以优惠的价格吸引着来自世界各地扫货的人，出售的商品往往是世界名牌，不过没有新款，都是一年以上的老款式，但是价格有巨大的吸引力。商场从 19~27 层均为各种服装店，较低楼层为家居设计等用品。这里的商品尺寸一般会缺码，ADI 折扣店有三叶和 Disel 合作款的各种牛仔裤，原价 1200 元的仅 300 元，极为优惠。

地 址	鸭脷洲海怡半岛利荣街 2 号新海怡广场。
交 通	金钟地铁 D 出口（BUS 总站）搭 M590/590A，下车沿海边一直走，需要步行 15 分钟左右。
营业时间	周一休息不营业，周二到周六 10：00—18：00，周日及节假日 12：00—18：00。
扫货技巧	Prada 的折扣还行，但是款式比较少。Juicy Couture，Arman，Diesel，Folli Follie 等品牌店的折扣不错，也不拥挤。商店靠近海洋公园，路牌比较乱，进去之前最好去看每层楼的地图。店内环境很好，服务不错，基本上每家店都可以用普通话交流，部分店需要存包，会在门口告知。另外，夏季最好多穿一点衣服去逛，中央空调很冷。

NO.5 时代广场

时 代广场是铜锣湾的地标，是该商业区最大的购物中心，前身是一个电车厂，拆迁重建后成为一个16层高的综合购物中心，约有300家商铺在此营业。1楼化妆品专柜柜台设计动感十足，让人精神十分振奋；2~9楼为各种服装和鞋类展柜；负2楼有超市和各种零售店、快餐店；负1楼为City Super和书店；13楼以上有不定期的特卖会，衣服和鞋子的折扣很多，有时候手袋、墨镜、装饰等也有不少的折扣；6楼的"中原电器"，有很多刮胡刀出售。

地 址 香港铜锣湾勿地臣街1号，时代广场。
交 通 乘坐港铁到铜锣湾站下车，A出口出站即可。
营业时间 10：00—22：00
联系电话 00852-21188900
网 址 http://www.timessquare.com.hk
扫货技巧 这里的商品楼层越高越便宜，遇到特卖会便宜更多。建议购买之前直接乘坐电梯上顶楼，这样有比较充裕的时间慢慢比较商品的好坏。

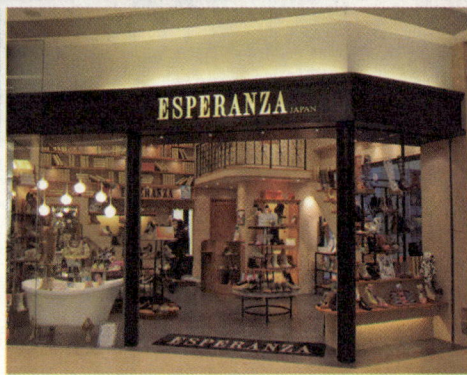

NO.6 The ONE

这 里出售不少的出口成衣，多为原单货或者底货，价格便宜，款式新颖，讲究潮流，同时也提供试穿服务。不过这里购物环境比较拥挤，如果和伙伴购物要相互照应，商品的价格需要自己去谈。

地　址 尖沙咀弥敦道 100 号 29 层，The ONE 大型卖场。

交　通 乘坐地铁到尖沙咀，出站后根据指示牌步行即到。

扫货技巧 这里的衣服很潮，价格便宜，需要自己多比较，很多质量比较差的服装也混杂其中，正品和仿版往往都在一起销售。同样的款式，有不同的价格，有的时候同样堆在货架上，款式差不多的衣服价格差异很大，最好都拿着去扫码机前看看价格。

购货秘籍

香港是典型的自由港，绝大多数的商品都不需要交纳关税，有的商品比原产地还要便宜。在香港购物，汇率十分划算。香港每年有两次打折季，夏季和圣诞节前后折扣最多，加上汇率的影响，相当于又在打折的基础上享受了 8 折。汇率每天会有变化，但总体差异不大。

在香港购买商品最好带着 VIP 卡前去购物，有的卡如周大福或 Adidas 可以使用卡号，有的卡如 The Body Shop, Sasa 等需要使用实物卡。卡不仅能够享受会员折扣，而且可以换购积分或者领取小礼物。不要小看了这个卡，购买价格较高的商品能够享受很多优惠。

如购买珠宝或者黄金，请拨打 00852-25439633 或 00852-23666006 查询真假。香港旅游协会红帆船标志者为信誉好的商家。购买较重商品最好选择托运的方式进行，千万不要随身携带（香港出租车很贵）。

在以重量定价的商品上，香港的计量单位还是过去的老计算方式，称为"港称"，也就是我们现在通称的"司马称"。香港 1 斤（500 克）分为 16 两，但是总量是 600 克，平常所说的半斤八两就是我们所说的 300 克，购买以重量计价的较为贵重的商品（如珍珠、药材等）一定要提前问好度量制。

中国台湾

特色商品

广良源

永和三美人

NO.1

化妆品

去　台湾一定不要错过当地的化妆品，因为在台湾本土，很多化妆品价廉物美，护理效果很好，而且很难在台湾以外的地方买到。台湾最著名的特色面膜"我的美丽日记"，其卓越的护理效果和亲民的价格受到普遍欢迎。牛尔娜露可（Naruko）、永和三美人、Dr.Wu、广良源等化妆品效果都很不错，适合亚洲人的皮肤。

购买地点 台北市中山区敬业三路 20 号美丽华百乐园。

联系电话 00886-02-21753456

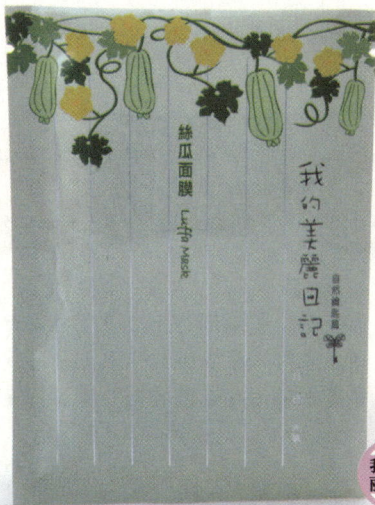

Naruko

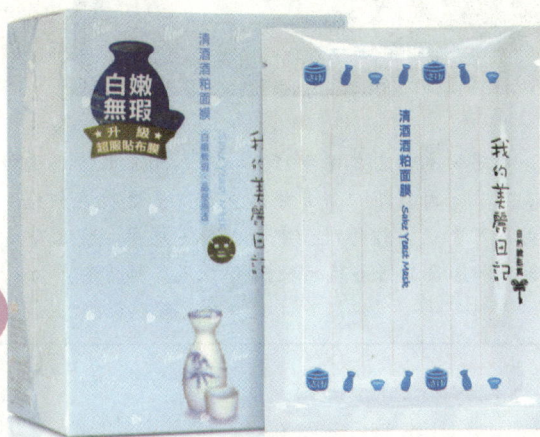

我的美丽日记

台茶
18号

NO.2
茶 叶

日月潭红茶

台湾的气候条件非常有利于茶叶的生长。台湾盛产特别高等级的茶叶，最著名的茶叶冻顶乌龙，其醇厚的风味和浓郁的高香让人赞不绝口。日月潭红茶、阿萨姆红茶、台茶18号、顶级红玉等，都是台湾出产的特色茶叶。

购买地点 高雄市前镇区中华五路789号统一梦时代购物中心。

联系电话 00886-07-9733888

冻顶乌龙

台湾的美食主要有蚵仔煎、广东粥、大饼包小饼、豪大鸡排、酱菜泡菜等，都可以在士林夜市"一网打尽"。士林夜市可以乘坐捷运红线地铁到达，大约分布在文林路及大东路，出站即可到达。打狗饼、贡糖、花莲麻薯、宜兰牛舌饼等都是充满浓郁台湾特色的商品，在台北市松山区复兴南路一段39号微风广场有售。

归资地点

NO.1 台北信义商圈

台湾信义商圈是台北市最繁华的一个商业区，因为四季不停的打折促销活动和夜晚璀璨的灯火而被称为"台北曼哈顿"。白天的信义商圈是一个繁忙的金融中心，夜晚则被逛街购物的人占据，台北 101 大楼、新光三越、京华城等商业大楼人来人往，是休闲娱乐的好去处。周末和节假日有各种超大型的舞台秀，经常有各种明星表演和抽奖活动。

地　址 台北市信义区信义路。

交　通 乘坐公交 611，621，647，650，665 至市府站路口站下车，步行至各点即可。

营业时间 周日至周四 11：00—21：30，周五、周六和假日 11：00—22：00。

NO.2 台湾升恒昌免税店

升恒昌为全台湾最大的免税店集团，东西很多很全，在台北市区有两个预售中心，出售各种品牌如 Gucci，Nike 的服装、包具、手表，化妆品、巧克力和 3C 数码商品的种类也很多，几乎可以找到各个品牌的当季新款。另外，台湾的糖果、烟酒和副食等商品也有销售。

地　址 台北市民权东路三段 72 号
B1F，升恒昌免税店。

交　通 乘坐近木栅捷运到中山国中站下车，步行 3 分钟即可。

营业时间 8：00—21：00，全年无休。

扫货技巧 此处购物需要出示护照或者登机证才可入内，店铺内有多语种翻译可以提供免费的语言交流服务，本店可以收取现金，不仅能够收取人民币，而且可以收取美元、港币、韩元、英镑、瑞士法郎等多国外币现金，此处也可以刷卡消费，购买商品后可以现场包装并进行托运。

NO.3 西门町

西门町商圈是年轻人最喜爱的购物场所，很多明星也在这里举行各种签名会，商圈内有很多高级百货公司，如万年商业大楼、家有贱货等，出售各种光怪陆离的商品，如分不清是帽子还是书包的吉祥物，无处不在的连锁便利店7-11或Circle K等，都是年轻人喜爱的款式，相信如果你慧眼识珠，一定会惊喜不断。

地 址 台北市万华区成都路、中华路、武昌街、西宁南路等街区。

交 通 乘坐捷运直达西门町站下车，步行3分钟即可。

扫货技巧 这里的品牌多按照年轻人的口味来设计，购物时应先贵重后便宜，以先轻便后沉重的原则来制订扫货路线，万年商业大楼出售各种精品服装，可以在早晨光顾，到了晚上，最好选择去逛"家有贱货"或7-11等店。

NO.4 高雄新堀江商圈

新堀江商圈位于高雄市内，是从过去的旧堀江商圈转化来的，最近10年来十分兴旺，不仅有大统百货公司等商家进驻，而且还引进了奥斯卡院、三商百货等新兴商家，显得格外兴旺，出售服饰、钟表、鞋类、化妆品、珠宝、美容等商品，同时也出售咖啡、小吃、文具等年轻人喜欢的商品，现在这里已经成为了与巴黎、米兰等时尚城市同步的购物天堂。

地 址 高雄市新兴区五福二路与中山一路口附近。

交 通 乘坐高捷红线，到中央公园下车后2号口出站即可。

营业时间 14：00—22：30

扫货技巧 商圈内各种潮流的服装多，价格实惠。路边商场有很多以年轻人为主的消费群，也有很多美味的小吃摊，可以边逛边吃。夜晚华灯初上，这里的气氛比白天更加热闹。

扫货秘籍

台湾购物，各种商品特别是化妆品会有各种优惠，来自日本的药妆系列产品的品种最为齐全。商品定价包含了货品税与营收税，因此部分百货商场或者专卖店提供 5% 退税服务。退税需要在同一家商店购物满 3000 新台币，并填写好退税单和收银条，在机场办理退税手续（商品需要外包装完好无损）。

在台湾购物特别要预防假钞，如果去商场购物最好刷卡。台湾的商品因为距离内地的位置比较近，托运特别是海运很方便，因此很多内地游客去购买日用品。你可以选择去便利店直接购买，如7-11、全家和 Circle K 等，买完后直接办理托运（台湾的部分超市提供代办服务）。

另外，在台湾购物只允许携带两条烟和两瓶酒（液体需办理托运），如果超过此数量就需要走航空货运，不仅不能与你自己的航班同时抵达，而且要收取高额的费用，很不划算。虽然台湾航空对乘客自行携带的烟酒要求严格，却对机场免税店的商品大开绿灯，如果你想购买较多的烟酒可以提前到机场，安检后将行李寄存，然后去免税店选购烟酒，店员会将你选好的商品送上飞机。宝岛香烟和长寿香烟相对台北市会有 50 元左右的差价，比在内地购买要划算很多，不过口感相对较淡。

特色商品

富士

尼康

NO.1

数码产品及配件

日本生产的数码产品，物美价廉，质量上乘，已被世界广泛使用。Nikon，Olympus，Panasonic，Canon，Casio，Fujifilm 等已成为家喻户晓的品牌。游客乐于购买的数码产品为数码相机、镜头、存储器、掌上电脑等。日本手机分为很多种制式，PHS 手机不能在中国使用，CDMA 手机需要在800 MHz 频道使用，不推荐购买，因为此类手机是机卡合一的，和中国内地的手机使用方式有差异，需要单独刷机。GSM 手机需要支持 900/1 800 MHz 的频道才能使用，购买前要打听好。

购买地点 日本东京秋叶原免税电器一条街。

联系电话 0081-3-32516039

松下

卡西欧

奥林巴斯

佳能

松本清

资生堂

NO.2

药妆、化妆品

本药妆品牌在全世界享有盛名，对爱美的人来说，松本清，Plaza，Ainz & Tuspe，RanKing Ranqueen，@cosme by Tashiro x @cosme 五大最热门的药妆连锁店非去不可。日本的药妆系列很适合亚洲人的皮肤，特别是对一些油分重、容易长痘痘的皮肤，但部分商品的购买需要持有医学证明。药妆和化妆品最好购买霜类、粉类、膏类、胶囊类或块状成品，尽量少购买液体产品。

POLA

购买地点 东京都中央区银座 5-5-1 银座 5th 店。

联系电话 0081-3-32895321

雪肌精

MENARD

NO.3

药草茶

　　球群岛盛产的各种药草配制而成的"药草茶"是冲绳具有代表性的一种特产。治病的"糖解茶"，减肥美容的"美美茶"，治疗高血压的"高压茶"，治疗鼻窦炎的"健鼻茶"，缓解便秘的"通便茶"等，品种繁多。这些茶品不仅能够健身美容，辅助治疗疾病，而且口味也很好。

购买地点 东京都中央区银座 Yodobashi Camera 秋叶原店；东京都千代田区神田花冈町 1-1。

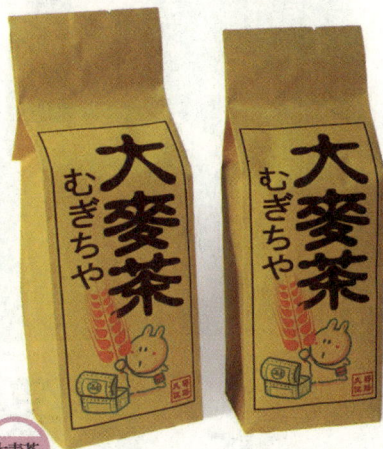

玄米茶

玄米茶

黑豆茶

大麦茶

久保田

月桂冠

白雪

NO.4

传统清酒

传 统清酒是日本国粹，有很多种口味和品牌，月桂冠、日本盛、白鹿、白雪等都是日本人广为接受的品牌，甜口酒、淡丽酒、辣口酒风味各具特色，喜爱酒品的朋友一定不要错过体验日本传统酒味的机会。

购买地点 京都市四条通锦市场。

日本盛

日本盛

白鹿

NO.5

寿 司

寿 司是日本独有的美食，细卷寿司、军舰寿司、握寿司等花样繁多，充满浓郁的海域味道。寿司可以现吃，也可以购买密封好的带走。

购买地点 东京都左京区鞍马贵船町 76。

军舰
寿司

握寿司

水果
寿司

樱花
寿司

小熊
寿司

布料

NO.6

日本织物

日 本的传统服装和布料制作手艺格外精到，传统服饰和服需要 26 道工序才能制作完成，风月花鸟的图案需要工艺画师亲手绘制。有松扎染来自于日本东海道，超过了 400 年的制作历史，鳕斑布制作的布料和手巾深受人们喜爱。西阵织物制作出的服饰、屏风、桌布、桌旗、挂帘和各种工艺品深受游客喜爱。

购买地点 东京都新宿全能百货高岛屋 11 层的"吴服沙龙"。
联系电话 0081-3-53611111

休闲袋

布凉鞋

小饰品

挂帘

屏风

NO.7

陶瓷器皿

日 本瓷器有 500 多年历史，其釉彩装饰，以青釉、金色釉、珊瑚釉、蓝釉等加工而成，表面比较纯净、有光亮感，极富历史底蕴也不失民族特色。泉山陶石、天草陶石制作的有田烧是日本著名瓷器。日本陶瓷器皿不仅具有实用价值，也具有投资价值，还能馈赠亲人和朋友。

购买地点 东京都中央区新宿宫崎馆 KONNE；银座 Washita 商店。

玻璃风铃

NO.8

玻璃制品

日 本玻璃制品相对比较小，做工很精致，造型独特，色彩鲜明，可以制作出很多种图案。"蓝色玻璃球"经丝绸之路传入日本后，曾用来装饰贵族衣物。现代手工作坊内，师傅可以帮助你亲自完成自己的原创作品，并带回家中做纪念。

购买地点 大阪市大阪城天守阁内景点纪念品店；大阪市高岛屋百货店。

玻璃球

日本扇

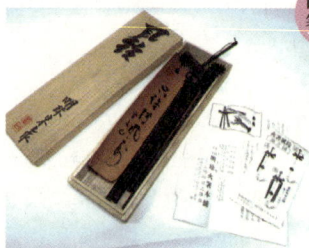

明珍火箸风铃

NO.9

传统工艺品

播州毛钩

日本有很多特色工艺品，如日本扇、播州毛钩、小野算盘、大阪纸糊工艺品、明珍火箸风铃、人偶玩具等都是不错的选择。日本扇比较轻薄，造型独特；"播州毛钩"是为钓鱼设计的工艺品；小野算盘由竹子制作而成，做工很精细；大阪纸糊工艺品惟妙惟肖；明珍火箸风铃声音悦耳动听；人偶玩具造型极多，无论是传统款式还是现代的动漫造型都应有尽有。

购买地点 东京都涉谷区代代木 5-58-1KS 2F "灯屋" 店；大阪市北区梅田 1 丁目 13-13 号梅田阪神百货（联系电话为 0081-06-63489045）；京都市东山区祇园町北侧 264 番地；京都市上京区堀川通今出川南入竖门前町 414。

玩偶

人偶

NO.10

刀 具

（日）本刀具以精良的做工和耐用性世界闻名。"三木刀具"十分锋利，设计简约实用。精心制作的武士刀，既充满了古典韵味，又充分体现了日本的民族特色，不仅能够收藏，还兼具投资价值，馈赠亲友也是不错的选择。

购买地点 大阪市大阪"有次"店；大阪市北区梅田 1 丁目 13–13 号梅田阪神百货。

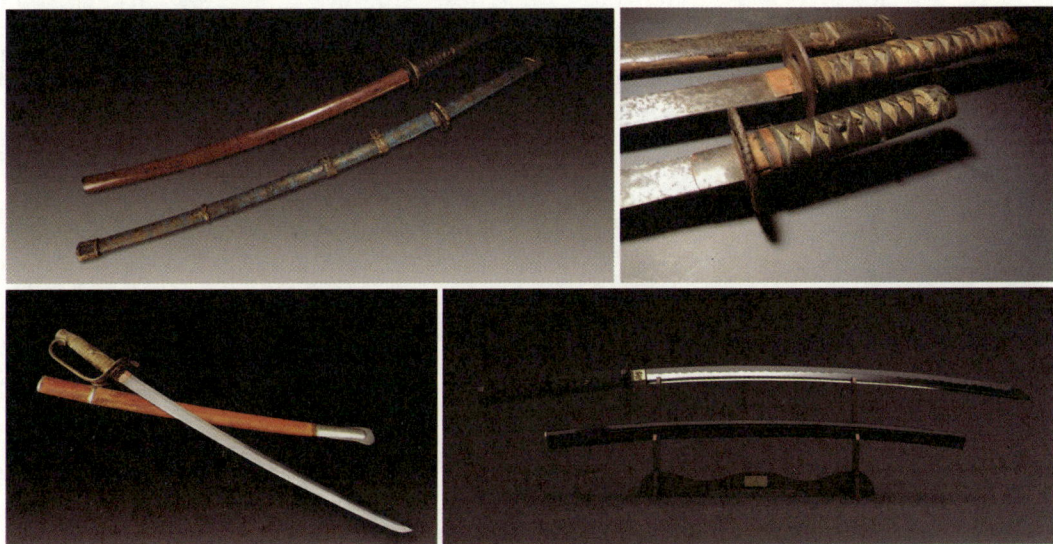

在日本的各个城市都能吃到寿司、生鱼片等传统食物，东京更是美食的聚集地，任何美食都能在这里吃到。而大阪的大阪烧、心斋桥道顿堀美食街的螃蟹则是著名的关西美食。东京银座和大阪高岛屋百货可以买到琉球酥、万果酥、金楚糕、甘薯包等特色小吃。

扫货地点

NO.1 三越百货

东京三越百货的目标人群以 20~40 岁的女性为主，地面 8 层专卖女士服饰用品，2 层的 New York Runway 提供女性自选品牌。作为商业界颇有名望的三越百货大楼，最早实现明码标价，商品质量优等，款式新颖，Gucci，Louis Vuitton，Chanel，Dior，Burberry 等大牌都设有专卖店。

地　址 东京中央区银座 4-6-16 号。

交　通 乘坐银座线、丸之内线到银座车站下车，步行即到；乘坐乐町线到"银座一丁目"下车，9 号口出站步行，约 5 分钟到达。

联系电话 0081-3-0335621111

扫货技巧 三越百货服务十分周到，1 楼有各种手帕和品牌包具，款式很新颖，手帕特别漂亮。少见的 Laduree 品牌也入驻在这里，高端的化妆品牌如 IspaSUQQU，SKZ three，Rumiko 比比皆是，奥尔滨品牌的化妆品前人流如织。三越百货设有专门的哺乳室，厕所很舒适，也很宽大，能够为带小宝宝出行的女性提供方便。

NO.2 华盛顿本店

位于东京城内的华盛顿本店有引以为豪的制鞋技术与首屈一指的卖场，是男性品位的象征。这里的皮鞋可以"量脚定制"，也可以根据个人爱好设计出个性化的款式，精湛的技术和完美的加工工艺，让皮鞋的每一个细节都堪称完美。鞋款沉稳又不落潮流，独特又不张扬，许多爱鞋之人慕名而来，其中售卖的一些经典款也是鞋子爱好者愿意收藏的艺术品。

地 址 东京中央区银座 5-7-7（营团地下铁银座站 A2 出口）。

交 通 乘坐银座线、丸之内线到银座线步行即到。

联系电话 0081-3-35725911

NO.3 SUBNADE 平价地下商店街

SUBNADE 是出售发卡、项链、耳环的个性小店，还有超大型图书馆与影院可供休息和娱乐。这里的商业街出售的商品不仅设计新颖，而且价格诱人。Heartdance 店出售豹纹的马毛桃心项链等经典饰物，是扫货的好地方，喜欢淘货的朋友赶快疯狂起来吧！

地 址 东京新宿 Southern Terrace（南步道）。

交 通 乘坐地铁新宿线，在新宿站南口出来即可。

NO.4 代代木公园跳蚤市场 Yoyogi Park-Shibuya Koendori Fes

这是日本历史最悠久的跳蚤市场，也是日本跳蚤市场的发源地，高峰期客流量可达几万人，800 个摊位汇集着各种流行品牌的休闲服装、运动鞋、手袋等各色商品，刚上市的欧洲新款服饰几乎比其他地方便宜一半，可谓"淘宝天堂"。

地 址 东京涩谷区 2 Jinnan Yoyogi-Kamizonocho Shibuya-ku.

交 通 JR 山手线至涩谷站步行即到。

扫货技巧 跳蚤市场具有流动性，一般下午 5 点就会收摊。在这里选购商品可以跟老板议价，购买东西时要注意看商标，以免淘到次品。

NO.5 难波 Nan Nan

大阪难波 Nan Nan 是商圈最大的购物场所之一，集中了 50 多家店铺，出售包括文具、首饰、服装、杂货、日本土特产在内的各种货物，个性服饰应有尽有，让人在购物的海洋中尽情狂欢。购物场所中的餐饮业也很发达，寿司的美味、拉面的浓郁香气和丰富的特色食品，一定会让你流连忘返。

地 址 5-Nanba, Chuo-ku, Osaka, Osaka Prefecture, Japan.

交 通 大阪地铁难波站出站步行即到。

NO.6 大阪高岛屋百货店

大阪高岛屋百货店是一家和古老的车站连成一体的大型百货店，汇聚了各种高档药妆，包括最著名的药妆品牌松本清。这里售卖全国各地的风味食品，大阪土特产品种和数量都很多，有时也可以分装出售和免费品尝，是购买特产礼品的好地方。

地 址 大阪市中央区心斋桥筋。

交 通 地铁御堂筋站至心斋桥站下车即到。

扫货技巧 日本药妆淘汰快，购买时注意选购广告中新上架的货品。购买促销品十分划算，价差甚至在 3 成以上，碰到最好不要错过。

NO.7 东急 HANDS 心斋桥店

东急 HANDS 心斋桥店汇聚高品质的 20 万种商品，从生活杂货到工艺品应有尽有，不管是日本特色工艺品还是传统服饰品种花色都很多，可以满足客户的各种需要。众多海外旅行者酷爱在这里血拼，一定会有收获。

地　址 大阪市中央区商船场 3-4-12 号。

交　通 地铁御堂筋站至心斋桥站，下车步行即到。

扫货技巧 此地是大阪最大的购物中心，各种风格和档次的产品极其丰富，这里有 Hello Kitty 和 Disney 的专卖店，货品都是新款，还有不少的特价款式出售。这里出售很多药妆，你可以尽情淘宝并感受购物的乐趣。

NO.8 大丸百货（京都店）

京都大丸百货地理位置优越，货品格外丰富，来自世界各地的商品，如漂亮的洋装、精致的皮鞋、款式独特的包具、质量上乘的数码设备等，都可以在这里买到。大丸百货位于京都最热闹的地方河原町，备受带孩子出行的年轻妈妈喜爱。这里的地下一层有很多美食，各种彩色的甜点味道很好，吸引了很多孩子和年轻妈妈到来。

地　址 京都府京都市下京区四条通高仓西入立壳西町 79 番地。

交　通 京都大丸百货店靠近地铁车站，乘坐地铁鸟丸线到四条站，下车步行出站即可。

联系电话 0081-75-2118111

营业时间 10：00—20：00，全年无休。

扫货技巧 大丸百货主要出售各种高档服装和化妆品，是一个有浓郁女性特色的百货公司。顶层有餐饮街，地下一层也出售各种食物和食材。商店内的 KiKi & LaLa Little Twin Stars 双子星娃娃是专卖。情人节前后的巧克力促销，价格便宜，且包装精美，用做手信很不错。

NO.9 锦市场

锦 市场被戏称为"京都厨房",店铺装修古色古香,长度约 400 米的小街上分布着大大小小 140 间店铺,销售各种生鲜食品、日用品、小吃、传统工艺品等,有很多蔬菜店、水果店、酱菜店、小吃店、料理店等在小街两边搭着凉棚,逛街和购物都不受天气影响,慢慢走慢慢看,不仅能够享受购物的乐趣,还能感受到当地市井文化的氛围。

地 址 京都府京都市中京区锦小路通。

交 通 乘坐地铁到四条站,出口看到路标出站步行 3 分钟即可。

联系电话 0081-75-2113882

扫货技巧 锦市场相对比较窄,有很多美味的食物,但是关门比较早,大约到了 19 点很多店就不营业了。食材到晚上往往都不太新鲜,最好早晨一早前往,在那里去吃早饭和午饭。锦市场更像一个杂货铺,但是特别整洁干净,没有臭气和污水,店内的商品陈列很有特色,有很多百年老店(该市场已经存在了超过 400 年)。锦市场的红茶厅设计很精致,不妨进去坐一坐,泡菜、七味粉、玉子烧、蛋卷味道很好,你也可以一边走一边看一边享受美味(日本人一般没有一边走路一边吃东西的习惯)。

NO.10 京都站大厦专卖店街 The CUBE

京 都车站大厦是一个巨大的综合性商场，有部分区域可以直接通向地铁中央大厅，交通方便，人流量大。地下2层至1层都出售各种土特产和时装，有很多特别工艺品，酱菜、抹茶、宇治茶、折叠扇、"生八桥"等都可以买到，商家的服务也很好。这里的商品品种多，价格也比较实惠，很多游客都会选购纪念品和土特产。

地　址 京都市下京区乌丸通盐小路下京都站大厦内。

交　通 乘坐地铁到京都站，出站就是商场。

联系电话 0081-75-3614401

营业时间 8：30—20：00

扫货技巧 大厦专卖店街有很多特色小物件，购买时一定要跟着地图走。日本食品的包装普遍比较小，很多产品材料一样，但是可以选不一样的包装，需要在购买时提前说明（有的包装需要额外收费）。

扫货秘籍

(日) 本大部分商店的营业时间为 10：00-20：00，周一到周五部分百货公司会停业，需提前登录网站查询。夜市营业到很晚，只接受现金（可接受日元和美钞）。除机场免税店以外，购买所有商品都需要缴纳 5% 的消费税，但可以享受退税政策，退税需要出示护照，并在 6 个月内最低消费标准高于一万日元。心斋桥、大阪国际机场等地有标志为 "银联" 的商店，可直接刷卡。伊势丹化妆品无法享受退税。

在日本货币兑换一般在银行或饭店进行，但银行只在 9：00—15：00 营业，周末和节假日不接受货币兑换的业务，去饭店兑换相对贵一些。如果能够使用 ATM，尽量不去银行兑换，去银行兑换需额外排队。能够提供货币取现服务的银行为邮储、三菱东京日联、三井住友银行等，可以直接跨货币币种提取日元现金，AmericanExpress，Visa，MasterCard 系统彼此兼容，一年 365 天 24 小时均可使用，但也可能出现晚间没有钞票提取的情况。银行的操作界面是用日语和英语提示，没有中文。

购买日本电器需要检查电压调节的标志，只有能够调节到国内使用标准的电器才能使用。自己携带的电器（包括充电器）都需要检查电压调节的开关和插座的出口适合程度。出行的地铁分为国营和私营两种，票券彼此不通用，如果路线不确定最好即买即用。

特色商品

NO.1

皮革制品

泰国的皮革制品以大象皮、鳄鱼皮和珍珠鱼皮为特色，经过处理的大象皮皮质软且厚，经久耐用，适合制作皮鞋和皮包，皮革摆件也能做出多次熨烫的效果。鳄鱼皮和珍珠鱼皮相对比较薄，带有动物的天然花纹，制作出来的皮鞋、皮包、皮衣、皮带颇受欢迎，也可以做成钱包、卡包、腰包或者做成存钱罐、储物罐、首饰盒等高档生活用具，本土品牌为 London Brown 和 Pan。

购买地点 芭堤雅—那克郎路第 5 巷（Pattaya-naklua Rd）班库那康店。

NO.2

泰国丝绸制品

泰国气候条件很适合蚕的养殖，丝线往往由当地妇女纯手工制作而成，不仅可以染制各种颜色，而且可以制作成各种精美的印花。泰国丝绸花色繁多、手感柔软、质地紧密、质量上乘。用泰国丝绸制作出来的围巾、头巾、手巾、领带、裙子等商品不仅美观，而且经济耐用。泰国丝绸的本土品牌为 Jim Thompson 和 Naraya。

购买地点 曼谷 Rama 1 Rd Soi 2。

NO.3

女士内衣

泰 国的女士内衣以优良的质量和夸张的款式而出名，尺寸普遍较大，适合身材丰满的女性。以套装为佳，热带水果、花朵、鸟类的造型很多，部分款式可以直接外穿，深受女性的喜爱，如华歌尔、黛安芬等品牌。

华歌尔

购买地点 曼谷芭堤雅南路第 10 巷友谊超市内。

NO.4

花 布

泰 国花布有各种艳丽的颜色，看起来活泼美丽，各种夸张的花纹体现出女性婉约的美丽。游客往往会选择购买一些成品花布，用布料制作成的各种手袋、布袋、装饰品、围裙等商品游客也乐于购买，泰国花布有未染色的纯棉布匹出售，在个别商店可以现场染色，在加工厂也可以加工。

购买地点 曼谷 Ratchaprarop Rd，世界贸易中心对面 Naraya 专卖店。

NO.5

黄金制品

泰 国的黄金首饰款式很多，包括金项链、金戒指、金手链等，可以做成各种摆件，而且可以根据客户的需求进行定做。此外，黄金制品购买和出关需要提供证明。

购买地点 曼谷芭堤雅南路 597/6 号，塔通金店·芭堤雅金饰珠宝店。

NO.6

红宝石

红 宝石常常被加工成各种首饰，如戒指、耳环、项链等，也有的会镶嵌在烟斗、烟盒等高档工艺品上。红宝石最好在指定商店购买，因为很容易买到假货。

购买地点 曼谷 Rama 6 Rd. Bngkok 10400，James Gallery 珠宝店。

NO.7

工艺品

泰 国特色工艺品世界闻名，手工艺人可以按照客户的要求进行定做。象牙和象骨制作的工艺品精致美观，铜制品品种繁多，造型古朴美丽，带有各种花纹装饰。

购买地点 曼谷芭堤雅—那克郎路 115/27 号（Pattaya-naklua Rd）优尼克廊。

书签

收纳盒

烟灰缸

象牙手镯

木雕

木雕

　　泰国海鲜如生虾、生牡蛎、生蟹、生鱼都是特色美食，冬阴功汤、青木瓜沙拉、菠萝炒饭、枣椰丸、凉拌木瓜丝、芒果饭等都是泰国人喜爱的美食，可以在曼谷暹罗广场的 Nana 酒家、曼谷素坤逸大街的 After You Dessert Cafe 餐厅、普吉岛芭东海滩的悬崖餐厅（Baan Rim Pa）享受上述美味。

扫货地点

NO.1 Siam Paragon

Siam 是曼谷的新兴商圈，包含了 Siam Paragon，Siam Center，Siam Discovery 等知名百货公司，商圈很大，设施新颖，有超过 250 家商店，有封闭的人行天桥相连，有很多大品牌的服装和鞋类出售。这里还有亚洲最大的水族馆、歌剧院、电影院和保龄球馆供游人休息娱乐。

地 址 No. 991，Siam Paragon．Rama 1 Road，Pathumwan．Bangkok 10330．

营业时间 10：00—22：00

网 址 http：//www.siamparagon.co.th

NO.2 世界贸易中心

曼谷最大的购物中心就是世界贸易中心，是由 Central Word，Zen，Lsetan 三家百货公司组成的大型购物区域。这里的货品丰富，有大量的专卖店和工艺品商店，很多特色退税小店也在其中。曼谷包（Naraya）店吸引了很多粉丝的目光，而泰国的女士内衣，不仅价格便宜，而且都是名牌新款。

地　址 Central World Plaza，Rama 1 Rd 与 Ratchaprarop Rd 交叉口。

交　通 乘坐城市 BTS 公共交通系统到 Chit Lom 站下车，步行即可。

联系电话 0066-02-2645555

营业时间 10：00—22：00

网　址 http://www.centralworld.co.th

扫货技巧 商品折扣很多，购物前需要去服务台办卡，并累积到 3 000 泰铢以上享受退税政策，L'oreal，Levi's，Louis Vuitton 价格都很便宜，折扣多，Big C 专卖店里买两件就可以享受 5 折优惠，水果超级便宜。曼谷包专卖店货品繁多，且非常拥挤。

NO.3 暹罗中心

暹罗中心是曼谷颇具特色的购物商场，1 楼和 2 楼的服装合适年轻人，3 楼是泰国的本土品牌服装，如 Kloset，Fly Now，Greyhound 等，还有一些具有创意的新奇商品。暹罗中心有很多运动品牌服装店，随时有特价活动，小吃、小饰品、内衣裤等品种都很多，大名鼎鼎的曼谷包可一定不要错过。

地　址 Siam Tower，Rama 1 Road，Pathumwan 10330，Bangkok.

交　通 搭乘曼谷 BTS 到 Siam 站下车，从 1 号口出站，步行即可。

联系电话 0066–02–6581000

营业时间 10：00—22：00

网　址 http://www.siamcenter.co.th

扫货技巧 甜品店 Chocoholic，潮店 Punk，Fly Now III，The Paul Frank Store 都很不错，大嘴猴品牌在此地经常打折，内衣和 Naraya 都不错。顶层有很多小吃店可以光临。

NO.4 曼谷市中心免税店

曼谷市中心免税店是 King Power 旗下的分店，这是泰国境内唯一的免税零售商，货品相对便宜，且品种齐全。曼谷的免税店可以立刻付款并提取货物，但是如果送上飞机则需要提前 4 个小时进行分装和打包。店内出售各种化妆品、手表、服装、鞋类和箱包，很多商品可能因为价钱较低而被抢购一空。

地 址 King Power Duty Free Shop，8 Rangnam Road Thanon-Phayathai Ratchathewi, Bangkok 10400.

交 通 搭乘 BTS 公共交通系统到 Victory Monement 站下下车，步行出站即可。乘坐公共交通系统从捷运站下车，沿着 Rangnam Road 步行约 5 分钟就可以看到商店的标志。

联系电话 0066-02-38103888

营业时间 8：00—21：00

网 址 http://www.kingpower.com

扫货技巧 King Power 的欧莱雅价格十分便宜，所以洗面奶之类的产品往往断货，2 楼基本上出售国际品牌，货物需要自己去机场取货，1 楼的产品可以直接带走。比较便宜的商品如 Boots 品牌，还有一些内衣和小吃。所有的商品需要提前至少 4 小时购买，并在廊曼机场接机柜台交付。预约电话为 0066-02-2058888，分机为 5402，提供免费接送服务。

NO.5 Central Festival

普 吉岛最大的百货商场是 Central Festival，其商品相对比较便宜，商圈内可以看电影和休闲娱乐，屈臣氏、Boots，Levi's，Naraya，The Body Shop 等多家品牌入驻其中，有很多特产出售，蜡染制品、锡器和腰果等都是普吉岛的特色。香薰 Harnn Thann 也是这里很受欢迎的产品。

地　址 Central Festival，74-75 Moo 5 Vichitsongkram Rd，Amphur Muang，Phuket.

交　通 Central Festival 超市位于巴东海滩和普吉镇之间，从巴东海滩到普吉镇的公共巴士会在超市门口停靠，上下车均可。

联系电话 0066-76-291111

营业时间 10：00—22：00

网　址 http：//www.centralfestivalphuket.com/

扫货技巧 超市非常大，汇集了各大品牌的商品，其中，Levi's 牛仔裤很便宜，一定要多买几条。Triumph 的内衣也要多买，其价格几乎比在曼谷买便宜一半。服务台可以办理免费的 3 小时无线上网（根据护照号和手机号办理）。商场内即使标价商品也可以讲价（一般可以打到 8 折），购买后需要对方盖章才能享受退税待遇。

归货秘籍

去 泰国购物最重要的就是货币兑换问题，到达后，需将人民币换成泰铢，大部分商场都可以用信用卡，但是汇率会有一些吃亏，可以刷卡的商家收费台会有"VISA"标志。刷卡消费最好使用带有"银联"标记的卡，相对于VISA，少了手续费。

泰国的部分生意人其实是会说中文的，但是地方口音比较重，很难懂。最好能够用英语简单交流，大部分的人都会说少量英语，实在不会讲价可以按计算器（最好自己带计算器前往），商场内的购物主要选品牌，燕窝、风湿膏、蛇油膏、鳄鱼包、珍珠鱼皮包、皮鞋、首饰都不错，但是东南亚风味的服装穿的场合比较少，买的时候可以多考虑。

去泰国最好下飞机就购买地图，曼谷城市的商业中心就在World Trade Center的1公里范围内，很好找。没有中文地图，需要自己看着英文翻译（最好提前将地址翻译出来，因为当地的出租车司机英文普遍不好，给他们看地图便一目了然）。

曼谷很多商家有针对游客的打折卡服务，进入商店后需要首先去服务台办理，基本上都能享受到9.5折待遇。消费满2000泰铢一定要想办法退税，退税需要加盖海关公章。

韩国

特色商品

lovcat

NO.1

皮革制品

韩 国的牛皮制品以突出的款式设计和良好的功能而出名。牛皮包尤其是女包，外观设计更加多元化，适合不同的消费者的需求；男式牛皮包也在传统的基础上推出很多新款。主要品牌有 Lovcat，Hombruno，Orange Flower，Kugigirl，Style-story，J.estina 等。

购买地点 首尔市中区小公洞 1 乐天百货店地下 1 层 Louis Quatorze 乐天百货店总店，卖场有很多高级皮包出售；首尔钟路区仁寺洞的小胡同内，很多小店都出售各种皮革装饰。

Kugigirl

Style Story

J.estina

蝶妆

梦妆

雪花秀

NO.2
化妆品、药妆、护肤品

韩 国的化妆品品质上乘，品种繁多，Sulwhasoo, Mamonde, Debon, The Face Shop, Itsskin, Laneige, Etude House 等品牌都是韩国市场上著名的品牌护理品。Skin Food 系列产品是韩国化妆品的主要品牌，种类很多。同时，韩国的药妆也很出名，被誉为"施以魔法的化妆品"。

购买地点 首尔市中区明洞 1 街 54–10Holika Holika 明洞 2 号店。

菲诗
小铺

伊思

爱丽

兰芝

NO.3

时 装

韩 国时装主要品牌为 Besti Belli, Sieg, Koolhaas, Basic House, Si, Jindo 和迩妃，款式新奇，色彩感很强。在首尔明洞等地的大型商场可以买到上述品牌。受韩剧影响，而且由于韩国人的身材相貌和中国人类似，韩国时装非常适合中国人，因此韩国服饰在中国较为流行。

购买地点 首尔市中区小公洞1号乐天百货店总店。

Besti Belli

Sieg

讲道皮草

Basic House

大酱

高丽参

NO.4

泡菜、大酱、高丽参

韩 国泡菜品种繁多，不同的月份，泡菜的口味不一样。大酱，远近闻名，韩国大酱分为清酱、青苔酱、黄酱、辣椒酱、汁酱、大酱等不同的品种，有的用于烤鱼，有的用于煲汤，有的用于调制菜品。韩国人参又叫高丽人参，能够制作干参、红参、白参等，也能制作人参糖、人参片、人参酒、人参含片等人参产品，无论自己食用还是馈赠亲友都很不错。

购买地点 仁川市中区云西洞韩国仁川机场新罗免税店，9 号登机口附近。

联系电话 0082-2-15772600

泡菜

NO.5

传统工艺品

济 州岛珊瑚加工业很发达，除了传统的珊瑚摆件外，用珊瑚制作的发饰、发花、项链、手链等款式也很多。多尔鲁帮石雕制作工艺复杂，做工精美，造型各异，看起来栩栩如生。独有的名俗工艺品如风筝、韩国扇子、韩国鼓、韩国玩偶等，造型古朴、惟妙惟肖，表面多有绘画。JINDARI 毛笔是用鼬鼠尾毛和羊毛混合制造，是韩国最高档的毛笔，深受世界各地的游客喜爱。

鼓

购买地点	首尔特别市中区小公洞 1 乐天百货店总店 9-11 层。
交　　通	地铁 2 号线乙支路入口站 7 号出口，步行 3 分钟。
营业时间	09：30—21：00
网　　址	http://cn.lottedfs.com

珊瑚饰品

扇子

玩偶

玩偶

NO.6

陶器、瓷器

韩 国陶器和瓷器主要在利川、光州、骊州、扶安各地的陶艺村生产,造型丰富,层次感强,精致美观,以餐具、花瓶和酒器为主,普遍体型较小,便于携带,花瓶往往并不用于插花,而是一种室内摆件。陶器和瓷器可以自己亲手制作,或者临时定制。

购买地点 利川陶瓷村（距韩国首尔 42 公里,可自驾前往）。

NO.7

生活用品系列

韩 国的生活用品系列因质量好、注重色彩、舒适感较强、材料轻便美丽而受到游客特别是女性游客的青睐。韩国的橡胶手套手指操作灵活,可折叠收纳,尺寸适合女性的手部特点。刷子、发梳、收纳品等,也是大家乐于购买的对象。

购买地点 首尔东大门区龙斗洞 33-1,龙斗站内,Humeplus 超市。

韩式泡菜、烤五花肉、烤海虾、参鸡汤、冷面、真鲷粥、鳀鱼粥、清蒸小鲍鱼、鱼饼都是韩国人喜爱的食物。在首尔市江北区的广藏市场、首尔市明洞百济参鸡汤、釜山上水地铁口姜虎东 678 烤肉店、济州岛东北岸的海女之家餐厅都可以品尝到上述美味。

扫货地点

NO.1 乐天百货店

乐 天百货店汇集世界各个高端品牌，是韩国销量最好、规模最大、品牌最上档次的百货店，从服饰到生活电器应有尽有。Louis Vuitton，Chanel，Zara，Avenvel 等能够让你直观感受世界时尚潮流。9~11 楼有免税店、电影院、咖啡厅等设施，是顶级商业旅游综合服务区。

地　址 首尔市中区小公洞1号乐天百货店总店。

交　通 乘坐地铁2号线在乙支路1街下车，乐天百货位于出口处；乘坐地铁4号线到明洞下车，按路牌沿着6号出口出来并步行10分钟；乘坐地铁1号线到达市政府站，下车后有乐天百货的路标指引，需步行15分钟才能到达。

联系电话 0082-02-7712500

营业时间 周一至周四 10:30—20:00，周五至周日 10:30—20:30。

网　址 http://www.lotteshopping.com

扫货技巧 乐天百货店很大，9~11层是免税店，在免税店购买商品价格便宜，持有银联卡可享受额外的折扣，购物后可将货物免费送到机场。乐天百货店的折扣并不是特别大，但是商品超级多，购买手表和平底锅十分划算，化妆品也很便宜，服装的款式很新颖。商店可以网购，不仅可以享受9.5折，而且可以参与活动换购积分，同样提供免费送货的服务。1楼的 Gucci 专柜旁的服务台可以办理退税。

NO.2 美利来

美利来商场位于首尔的东大门，从 1998 年开始营业以来，美利来可谓"时尚先驱"。它规模大，有很多连锁分店遍布韩国，流行的小商品包罗万象，应有尽有。此外，美利来服装很多，特别是女装和女鞋款式让人目不暇接。商场外的小贩兜售血米肠、炒米条、烤鱿鱼等原汁原味的韩国小吃，价格便宜，味道绝佳。

地　　址 首尔特别市中区乙支路 6 街 18-185。

交　　通 乘坐地铁 4 号线在明洞站下车，从 8 号出站口出站后，步行 5 分钟即可；乘坐地铁 2 号线到历史公园站下车，然后从 14 号出口出站，按照指示牌步行约 5 分钟就可以看到商场标志。

联系电话 0082-02-33930001，0082-02-33930005

营业时间 10:30—次日 4:30（周一休息，8 月中旬、春节和中秋节也会有休假）

网　　址 http://www.migliore.co.kr

扫货技巧 这里的服装价格很便宜，店主报价后还可以继续讲价，付现金比刷卡更加优惠。购买服装时很多商家没有试衣间，需要去公共卫生间试穿，每层楼都设有便利店，可以在这里休息和补充能量。

NO.3 Galleria 百货店

G alleria 百货店是首尔狎鸥亭洞最大的品牌店，分为名品馆和生活馆，店内商品多为世界级名牌，做工精致，售价高昂，服装和化妆品都是顾客乐于选择的商品。这里几乎冲击着最潮流的服装文化，此外，还有很多美容院和咖啡馆，生活馆内还有超市，可以购买食物和供人休息。

地　址 494 狎鸥亭洞，首尔，135-110。

交　通 乘坐地铁 3 号线到狎鸥亭洞站下车，沿着 1 号出口步行 10 分钟即可到达。

联系电话 0082-02-34494114

营业时间 周一至周四 10:30—20:00，周五至周日 10:30—20:30（其中，1 月 1 日、春节和中秋节连休 3 天，年中数次不定期休假）。

网　址 http://dept.galleria.co.kr

扫货技巧 Galleria 百货店的服务很好，商品质量上乘，退货换货也很方便（需要保留购物发票）。如果是经济型预算，可以选择 Galleria 百货店的生活馆进行购物，价格相对比较便宜，而货品的质量和款式也很不错。

NO.4 Rodeo Street

首 尔的 Rodeo Street 位于 Galleria 百货店附近，商家面积小，但汇集了很多大型商家难以找到的品牌，有的商品是限量出售的款式，如 Banana Republic，Club Monaco，Gap Lnc 等，吸引了很多 90 后的目光。累了可以在露天咖啡厅休息，街边有流动摊贩卖小吃。

地　址 Galleria 百货店旁边的狎鸥亭洞罗德奥街。

扫货技巧 如果想购买限量版的商品，需要自己向店家订购，缴纳一定的订金并到期取货。店内的服装可以试穿，最好和伙伴一起前往。

NO.5 韩国纪念品百货店

韩国纪念品百货店已经营业了 40 余年，这是一家专门为游客设立的商店，出售韩国的陶器、瓷器、皮革、韩国玩偶、韩国风筝、石雕等纪念品，以及紫菜、泡菜和大酱。

地 址 韩国济州岛济州市老衡洞 908-5 号。
交 通 从机场坐出租车前往，车费为 3 000 韩元（约合人民币 17 元）。

NO.6 济州机场免税店

济州机场免税店货品丰富，销售的商品数量超过 4 000 种，主要商品有烟、酒、茶叶和化妆品，购买商品可以提前在网上预约。这里同品牌的商品要比在首尔购买便宜很多，可凭借购物发票退税，对外国游客十分有利。商品明码实价，不会因为游客的身份变动，旅行支票也可以在此使用。

地 址 济州岛济州市龙潭 2 洞 2002 号，济州国际机场国际线 3 层。
交 通 机场大巴 600 线路在沿途酒店都会停车，车上有中文广播，6：20—22：00 在各个城区内通行，每隔 20 分钟发一次车。市区有 100、200、300、500 大巴通向机场，但是没有中文广播，路线也可能变动，如果你对自己的语言水平足够自信，欢迎乘坐。
联系电话 0082-64-7470283
扫货技巧 济州岛机场免税购物是韩国国内唯一一家本地人也可以购物的商店，24 小时开放，价格便宜，可以提前去韩游网下载优惠券。免税店内的 Chanel 口红 1 支折合人民币 100 多元，价格特别实惠，Kiehl's 品牌的产品免税后还可以享受 9 折优惠。如果要购物，过了安检直接进去逛，店员会将这些商品包装好直接送上飞机，不需要额外操心。

NO.7 乐天济州免税店

这 是韩国最大的免税店，仅对外国人开放，是集合了购物、客房、酒店、游泳、高尔夫的综合性观光旅游区，内有Chanel，Prada，Cartier，Bvlgari，Chaumet，Tod's 等品牌专卖，几乎所有的商品都是名牌，同品牌的商品几乎比在首尔购买便宜30%。

地 址 济州西归浦市 Seakdal–dong 2812–4 (乐天饭店济州岛主楼 6 层)。

交 通 济州机场乘坐 600 路机场巴士可以到达；可从机场坐出租车前往购物。

联系电话 0082–64–7314430

营业时间 周日至周五 10:00—19:00，周六 9:00—21:00。

扫货技巧 下载乐天免税店的打折卡可以享受更高的折扣，网址为 http://www.hanyouwang.com/a/73–1100.html。机场提货需要自己拿护照和登机牌办理，工作人员效率很高，不会耽误登机时间。免税店的总服务台在左侧出口，需要先领取会员卡，价格会有优惠，有时有 10 000 韩元的代金券或者礼品发送。

NO.8 济州新罗免税店

这 里的装修很独特，充满了韩国的本土风情，店内自成景观，价格方面可以比海外免税店便宜20%~30%。店内出售 Chanel，Hermes，Gucci 等500 多种世界知名品牌商品，柜台宽敞舒适，手表、珠宝、箱包、太阳镜、化妆品、香水等品种很多，是韩国最具代表性的免税店。

地 址 济州特别自治道济州市乐藕路 69 号。

交 通 从济洲国际机场到新罗免税店有免费购物车，每 5 分钟 1 班，乘坐出租车约 10 分钟可以到达。

联系电话 0082–64–7107100

营业时间 10:00—19:30，全年无休。

网 址 http://www.shilladfs.com/cn

扫货技巧 新罗免税店网上营销做得很好，可以登录公司的微信公众号：shilladfs，官方微博：http://weibo.com/shilladfs 进行查询，有 30 000 韩元的优惠券可以免费下载使用。店内购买手表和包很划算，化妆品和护肤品包装较大，经常有买 4 送 2 的活动，适合自由行的客户（旅行团在外面排队需要拿到号才能进去）。

扫货秘籍

在韩国的购物比在美国和欧洲购物稍微贵一些，但是距离中国很近，上海直飞的航班约一个半小时就可以到达，现在韩国签证有办理一年多次往返的服务，所以扫货仅仅需要一个普通的周末就可以了，出入境十分方便。大型商场可以使用银联卡，汇率会直接计算，几乎没什么汇率损失，也没有手续费。此外，如果使用现金购物，需要去 ATM 上提取韩元纸币，几乎所有的 ATM 机都有中文或者英文界面，便于中国游客操作。如果需要兑换货币，机场和酒店兑换会相对贵一些，去购物街兑换相对便宜，但是有的时候会有收到假币的风险。

一般说来，韩国购物夏季和冬季都有力度很大的折扣活动，部分折扣超过 50%，在春节和国庆，免税店有专门针对中国游客的打折活动。同一天在同一家商场购物超过 30 000 韩元后可以申请退税，退税率为 7%~8%，需要领取退税凭证后办理。

韩国的退税主要是蓝联退税和 Global Tax Free 退税，均在仁川机场 3 层出境层中央 28 号登机口旁办理手续，全年无休，工作时间为 7:00~22:00，可以选择信用卡退税，也可以选择现金退税，但是现金仅退换韩元纸币。如果你没有收集货币的习惯，最好在机场免税店花掉。另外，如果你想租用手机，机场租用价格为人民币 7~8 元 1 天，但不能接收中文信息，原则上不建议租用。

越 南

特色商品

仙妮

首饰

西贡
小姐

NO.1

香水、首饰

越南香水和法国香水有很多的共同点，越南出产优质香料，是法国香水重要的原料产地。越南制作香水的历史超过百年，现在自主研发了很多特色越南香水，不仅品质和包装都很优越，而且价格相当便宜，主要香水品牌为 Miss Saigon Elegance、Sanny、My Love。越南的首饰价格便宜，而且具有浓郁的当地特色，品种多，银质的首饰款式丰富多样，一定会让你挑花眼的。此外，木头制作的手链也很出名。

购买地点 越南河内市文庙 43 号 Craft Link 工艺品店。

西贡咖啡

中原咖啡

摩式咖啡

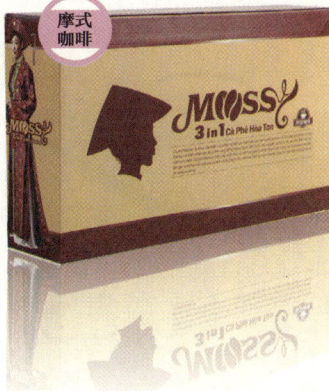

威享咖啡

NO.2
咖啡

越 　南南部属潮湿炎热的气候条件，十分适合咖啡的种植和生长。但是，传统的越南咖啡都使用咖啡加奶的饮用方式，口感比较甜腻，味道浓郁，现在越南的咖啡文化十分流行，不仅街面上有很多咖啡馆，而且咖啡还被担在担子上沿街叫卖。越南比较出名的咖啡品牌为中原咖啡、西贡咖啡、高地咖啡、摩氏咖啡、威拿咖啡。

购买地点 越南胡志明市，堤岸唐人区，Ph0665ng 9，Qu67n 5 H65 Ch í Minh，Vi63t Nam（An Dong Market）.

交 通 乘坐公交 45 路、96 路至 Đối diện 9 (An Đông Plaza) 站下车，步行可到。

联系电话 0084-8-38354773

NO.3
膏 药

越 南膏药十分出名，白虎活络膏能够很快地渗入皮肤中，不会污染服装，能够治疗风湿腰疼、关节疼痛、蚊虫叮咬、行走困难等多种身体不适症状，可以随身携带，使用十分方便。红虎膏、天草油、风油精有同样的作用。白虎膏贴、红虎膏贴也有同样的疗效。

购买地点 越南河内市范妙 43–51 号（43–51 Van mieu, Hanoi）。

天草油

风油精

红虎膏

白虎膏

NO.4
橡胶鞋

越 南的橡胶十分出名，制作的橡胶拖鞋轻便耐穿，十分舒服，不臭脚，不打滑，也不伤地板。橡胶底制作的雨鞋、皮鞋、凉鞋等鞋十分柔缓，能够在气候恶劣和地面条件较差的环境中行走。现在经过研发，还生产了橡胶底的沙滩鞋等新品种，鞋类慢慢成为了游客乐于购买的产品。

购买地点 Ho Chi Minh City，Vietnam Hguyen Hue 街。

NO.5
工艺品

越南的手工艺品十分出名，不管是木刻、木碗筷和木首饰盒都造型古朴，经久耐用。木质手工艺品多源于山中优质硬木，即使放入消毒柜中都不会变形。越南特色的磨漆画具有浓郁的越南民族风情，多用当地的硬木作为画板，颜料为当地自产自销的磨漆，经久耐用，风格古朴，线条简单，多反映当地的风土人情。

购买地点 越南河内老城区同春市场门外糖行街处。

越南拥有优越的海洋资源，出产各种海鲜，几乎所有的菜都会用鱼露来调味，再加上当地的辣椒和老醋。春卷、米粉汤、猪肉卷、海鲜烧烤、生吃芥末虾、炸猪肉卷河粉、猪肠粉、柠檬汁、雷鱼chaca、葡萄汁、山竹汁等具有越南特色的美食在河内和胡志明市的大多数餐厅都能享用。

扫货地点

NO.1 三十六行街

河内最古老的商业中心，很少有豪华的大商场、大酒楼，大街小巷特色小店自成一番风景，有很多充满了越南风味的手工艺品、食品、服装、首饰、牛角梳、香水等可以尽情选购。河内最早的商业街每条街只卖一种东西，所以往往会用出售东西的品种为街道命名，如"木商街"或"鞋商街"。现在的街道皆沿用老名字，街道两侧都是各种小店铺。

地 址 36 Pho Phuong, Hoan Kiem District, Hanoi。

交 通 乘坐公交 3 路、11 路、14 路、18 路、23 路、34 路、40 路到 81 Trần Nhật Duạt 下车。

扫货技巧 古街区的 36 条街道都不长，且大多数都很相似。然而，每次转过一个街口就会发现不一样的风景。沿街有很多叫卖的小贩，街道两边的铺子里也出售各种服装。越南是纺织品大国，所以服装、布料、布鞋、布包等产品很多，其颜色比较艳丽，款式简单。36 街逛起来就好像是一个迷宫，所以会"找不到北"，需要自己带指北针。另外，因为会看地图的人会被认为是间谍，所以当地人几乎都不会看地图，也很少使用城市地图，游客需要自己去找路。

NO.2 **Craft Link**

Craft Link 是河内一家慈善组织开设的小店，出售各种各样的手工艺品，产品价格便宜，选择余地大，款式很多，充满了当地浓郁的少数民族特色，能够充分地享受购物的乐趣，销售收入用来帮助当地的贫困手工艺人改善生活条件。

地　址 河内市文庙 43 号 Craft Link 工艺品店。

交　通 乘坐当地的公交 2 路、23 路、41 路到文庙站下车，然后随人流步行前往，Craft Link 是在文庙背后的小街上。

营业时间 9:00—18:00，中午 12:15—13:15 休息。

联系电话 0084-4-37336101

网　址 http://www.craftlink.com.vn/

NO.3 **巴茶市场**

巴茶市场是手工陶艺市场，制陶手艺已经传承了几百年，技术十分成熟。沿途的商家摆满了烧制的陶器，造型古朴，色彩艳丽，价格很实惠，游客很乐于购买此地的陶瓷制品，现在巴茶市场又引进了手工艺人的服务项目，有很多手工艺人在那里边做边卖，出售的产品为草帽、鞋子、首饰等。

地　址 河内郊外巴茶（Ba Trang）陶器村。

交　通 建议搭乘出租车前往。

NO.4 **同春市场**

同春市场位于河内老城区，十分热闹，摊贩们出售各种食物、布料和手工艺品，当地人过来逛一逛，其实更多的不是买东西而是为了凑热闹。这里人声鼎沸，商品众多，价格低廉，货品原汁原味，可以亲身感受当地的市井文化。

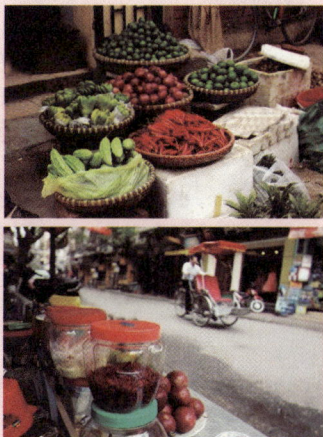

地　址 Dong Xuan, Hoan Kiem, Hanoi, Vietam.

交　通 建议搭乘出租车或人力车前往。

营业时间 6:00—22:00，全年无休。

联系电话 0084-4-38261746

扫货技巧 同春市场很混乱，但有很多无名的小店铺，商品很精美，有很多手工艺人叫卖各种商品。购物时可以选一下香蜡、布鞋、手工艺品等，所谓的治病的中药、熏香和精油，特别让你试用的那种最好不要购买，以免到时候高价强卖。

NO.5 百盛商场

百盛商场是胡志明市第一家百货公司，有6层，是当地最大的百货公司，出售来自世界各地的商品，包括奢侈品。商品超过1万种，多为服饰、鞋子、箱包、化妆品、电器和一些家居用品，很多都是世界名牌商品。商场位于胡志明市中心地带，购物环境很好。

地　址 Lê Thánh Tôn, Bến Nghé, Quận 1, Ho Chi Minh City, Vietnam。

交　通 百盛商场位于胡志明市第一区中心处，附近有个红教堂。乘火车到胡志明市后可以从游客中心乘坐旅游巴士前往，到了教堂处再步行前往，也可搭乘当地的出租车、摩托车、人力车等交通工具去百盛商场。

营业时间 6：00—22：00，全年无休。

联系电话 0084-8-38277636

网　址 http：//www.parkson.com.cn

扫货技巧 百盛大部分的商品都不便宜，但购买倩碧的套装很划算。商场内有货币兑换服务，没有手续费，3楼的超市有银联标志但只能用VISA付款，购物后服务员会主动帮你叫车回酒店。美食广场的肯德基甜筒才9000盾（人民币3元）。越南长期是法国的殖民地，接受了不少西洋文化的特色，过圣诞节时格外热闹，打折力度很大，商场也装饰得很漂亮。

归货秘籍

越南进出不允许携带水果，也不能将没有经过检疫的越南水果带入国内。大件的红木产品出入境需要持有证件。中国公民进入越南后，手机可以在靠近中国的芒街等城市使用，信号很好，完全可以和国内通话，但在别的城市可能需要开通国际漫游服务（一般使用电话卡，不使用手机）。照相机、手机、摄影器材超过 1 000 元人民币需要报关并留存信息。

越南购物最好自己叫车前往，城市公交十分拥挤，且不提供中文报站服务。坐车需要提前给司机讲价，不能看计价器，如果语言不通可以使用计算器，当地导游的英语水平和中文水平均有限，需要你自己使用越南语在地图上标注需要去的位置，并用翻译器和他们交流，你可以提前准备好翻译器，自行下载并安装好系统输入中文，然后利用翻译器转化为越南语交流。

出入境的时候最好在海关换一些现金便于购物，特别是 10 元和 20 元的零钞，因为小摊上没办法刷卡，只能付现金。在越南购物最好不换美元，虽然很多小摊都收美元，但是汇率都比银行低，很不划算，不建议使用。

阿联酋

特色商品

NO.1

黄金制品

阿 联酋的黄金制品价格便宜，款式繁多，且销售金器的店铺满街都是，你可以尽情地选购。这里的黄金不仅成色很好，而且所有黄金产品无论做工有多复杂都不单独收取手工费，只按照黄金制品的实际重量收费，确实物超所值。

购买地点 贝拉区 Sikkat Al-Khail 路周围黄金市场内。

NO.2

品牌服装

阿联酋出售的品牌服装，大多来源于世界各地，并不是本土服装，但阿联酋尤其是迪拜，是著名的商贸中心，运输十分方便，税收政策十分宽松，商品交易便捷，很多世界名牌都在这里销售甚至首发，品牌服装销售业绩坚挺。

购买地点 迪拜珠宝城阿尔巴沙区谢赫扎耶德路 4 号交叉路口。

帽子

长袍

围巾

帽子

围巾

长袍

长袍

香具

NO.3
熏香和香具

阿 拉伯人一直有在居室里面焚烧熏香的风俗习惯，甚至出门前还会在焚香炉前面伫立片刻，让自己的服装和随身用具都沐浴在熏香之中。因此，阿联酋香品和香具一应俱全，种类多样，不妨买一些回去。

购买地点 迪拜贝拉区 Sikkat Al-Khail 路周围香料街。

普拉达

NO.4
皮革制品

阿 联酋的皮革制品很多，世界知名品牌的各种皮具都可以在这里买到。皮革制品风格各异，价格不一，可以让你尽情比较、选择。主要的皮革品牌 Louis Vuitton，Chanel，Gucci，Dior，Hermès，Prada，Armani，Fendi，Ferragamo，Coach 等，即使不购买，也可以充分满足"眼球"的欲望。

购买地点 迪拜瓦菲城乌德梅塔区。

芬迪

菲拉格慕

芬迪

菲拉格慕

NO.5

波斯地毯、壁毯

波斯地毯用料考究，制作精美，图案美观，铺设在房间中很上档次，地毯也经久耐用。虽然波斯地毯特别是高档地毯售价昂贵，但在迪拜购买，却十分划算。精美的壁毯也是房间的重要装饰，不妨选购回去给自己的卧室添一点光彩。

购买地点 迪拜地球村内，Al Quoz 区向内陆方向的阿联酋路。

波斯挂毯

波斯地毯

波斯地毯

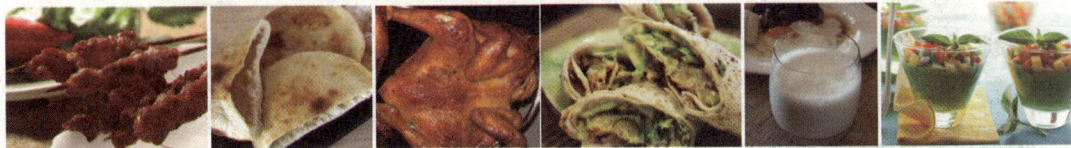

　　烤制牛羊肉、阿拉伯大饼、阿拉伯烤鸡、夏瓦尔玛馅饼、骆驼奶等都是阿拉伯世界的传统美食，可以在迪拜海洋海滩度假村内的 Al Qasr 餐厅、海滩附近的海底餐厅、老城区阿布梯拿地区的巴格达家庭餐厅享用上述美食。

扫货地点

NO.1 阿联酋购物中心

购 物中心占地面积 22.3 万平方米，装修别致，从开业以来，销售业绩一直坚挺，Phat Farm，Versace，Harvey Nichols，Ferragamo 等顶级品牌入驻其中，本土品牌如哈维·尼克斯也在这里销售。购物中心提供吃、住、购一站式服务，电影院、保龄球馆和休息区一应俱全，室内滑雪场门票 100 迪拉姆，不限时，不限量，尽情玩耍。

地 址 迪拜阿尔巴沙区谢赫扎耶德路 4 号交叉路口处。

交 通 乘坐地铁红线到 Mall of the Emirates 下车，出站顺着通道走可以直接到商城 2 层。

联系电话 00971-4-3772000

网 址 http://www.pullmanhotels.com/

扫货技巧 几乎一线品牌的价格都差不多，但是款式会有一些差别，内有一个超级实惠的家乐福，所出售的水果和饰品非常便宜。商场内电子产品价格不贵，即使是国产品牌如联想等，都会比国内便宜 20% 以上（免税）。购物节的时候折扣力度很大，如欧米茄的表，个别款式甚至打 5 折。

NO.2 迪拜购物中心

（购）物中心是世界上最大的购物场所，虽然只有 4 层，但内设的零售店超过 1200 家，还有各种餐饮娱乐设施和各种休闲店铺，甚至还设有水族馆、主题公园、溜冰场、过山车和室内滑雪场。在这里可以购买服装、手表、香水、工艺品和高级鞋包，也可以享受各种美味食物，Diesel，Columbia，H&M，Zara，Timberland，Cat 等品牌折扣相对较大。

地　址 Dubai Mall，Level 2，Bloomingdale's Atrium。

交　通 出租车的起步价为 4 迪拉姆，夜间会有少量折扣，可以和司机讲价；也可以乘坐 62 路公交车前往，20~30 分钟 1 班；免费热线 800-48-48 可以查询线路。

营业时间 周日至周三：10：00—22：00，周四至周六：10：00—24：00。

联系电话 00971-4-3253755

扫货技巧 商场很大，进门就需要取用品牌手册，每个路口都设有问讯处，有商场 Taxi 在其中穿行。商场有免费的 Wifi 和专用的中东试鞋室。楼顶有黄金 ATM 机，可以直接刷信用卡取金条。

NO.3 迪拜地球村

最初的地球村不过是小商贩聚集的露天集市，但是现在已经聚集了40多个国家的销售场馆，出售各种带有民族风情的特色商品。印度的花布、土耳其的羊毛制品、伊朗的地毯、摩洛哥的家具都可以在这里买到。除了购物，这里还能欣赏到不同民族的歌舞表演。

地 址	迪拜艾库兹区向内陆方向的阿联酋路，靠近阿拉伯牧场。
交 通	没有接待散客的路线，如果跟随旅行团会有车接送，如果自行前往请租车。
营业时间	周六至周三16：00—24：00，周四至周五16：00—次日凌晨1：00，周一只对家庭开放。
联系电话	00971-06-00545555
网 址	http：//www.globalvillage.ae
扫货技巧	地球村很大，不建议依次欣赏各个场馆，而是要选几个自己觉得有特色的。迪拜在阿拉伯文化圈内，地球村内阿拉伯特色的场馆很大，一定不要错过选购货物的机会。购物村内商品很多，但是大部分都不便宜，遇到商家甩货时价格会优惠很多，可以适当买入。

归货秘籍

迪 拜有不少的商店和品牌专卖店，由于没有税收加上商圈的辐射效应，在此地购买世界名牌的价格非常具有吸引力。迪拜的商店往往是 24 小时营业，购物十分方便，每年 3 月份的迪拜国际购物节吸引着来自世界各地的客户前来享受购物的乐趣。

去迪拜最便捷的方式就是坐飞机前往。阿联酋航空的服务和安全性世界闻名，机场 24 小时都有飞往世界各地的飞机。阿联酋市区大部分公交为梅塞德斯奔驰车，有 51 个座位和 10 个站位，均设空调，超过 61 个人司机不会开车。女士座位在前 3 排，如果没有空位，司机可能会拒绝女性上公交，女性游客最好不要单独出行。公交车车身很宽敞，便于放置行李，所以你可以放心购物。

尼泊尔

特色商品

廓尔喀弯刀

廓尔喀弯刀是尼泊尔的国刀，中等长度，因为形状像狗腿而被称为"狗腿刀"。当地士兵都随身佩戴，也是家庭中不可缺少的工具。廓尔喀弯刀十分锋利，造型美观大方，功能性强，适合户外使用。现在弯刀的生产除了抛光全部由纯手工制作而成，不仅做工精致，外观设计也很漂亮，弯刀一般都会带有一把或者两把小刀。

购买地点 Thamel Marg，Kathmandu.

NO.2

香料

尼泊尔盛产香料，当地出产的香料在世界范围内都很出名，常见的如茴香、胡椒等。值得注意的是，你需要的特定香型都可以按照一定的比例配制出来。游客购买的主要是成品香料，多为已经配制好的，香料师傅会将 10 多种香料混合在一起，做菜、煲汤味道都很好，特别适合烤制肉类。

黑胡椒

大茴香

白胡椒

茴香

购买地点 Thamel Marg，Kathmandu.

NO.3
茶 叶

大吉林红茶

尼泊尔出售的印度大吉岭红茶和阿萨姆红茶，口感舒适，品质上乘，冲泡后有着美丽的红色。绿茶也是当地著名的茶叶，新开发的 Nepal 白茶汤色金黄，香气扑鼻，是游客喜爱的品种。尼泊尔茶叶价格便宜，包装精美的茶叶价格在 150~500 卢比，散茶价格更低，主要的茶叶品牌为 Itam 和 Masala。

阿萨姆红茶

购买地点 加德满都因陀罗广场小店。

月光石

海蓝宵石

水晶

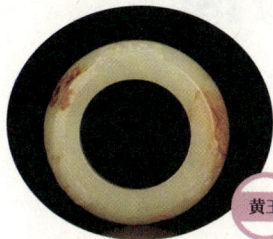
黄玉

NO.4
天然宝石

尼泊尔出产各种宝石，月光石、水晶、海蓝宵石、黄玉、深红色水晶、青金石原石都是按照重量来进行计算的，购买后可以现场加工，能够配搭的款式和色彩很多。加工好的成品宝石也很多，价廉物美，备受游客喜爱，最好的宝石来自尼泊尔宝石公司生产的产品。

购买地点 Dhukuti, Lakeside East.

桔雷比和菜杜是尼泊尔人最喜爱的美食，而尼泊尔的烤饼有水果和鸡肉口味，有的甚至会加入薄荷调料，香气扑鼻，在加德满都的大多数餐馆都可以买到。此外，土豆泥、烤鸡、炸豆腐，用尼泊尔香料调制的蔬菜等常见食物，在泰米尔购物区的 momo stan 餐厅可以吃到。

扫货地点

NO.1 泰米尔购物区

泰米尔购物区（Thamel）是加德满都最热闹的区域，周围有很多店铺和餐厅，出售首饰、化妆品、服装和各种宗教用品。这里消费低，交通方便，服务周到，吸引了很多背包客前来。象粪纸是当地特色。街道很混乱，都是小商店，很容易迷路，天上的天线也很乱。这里出售的手编毛衣、包具、玩具、木器等用具，绝对价钱低廉，物有所值。

地 址 Thamel, Kathmandu.

交 通 最好乘坐当地的人力车前往，因为泰米尔区很大，而其中又有很多小街，公交车不能通行。你也可以选择在旅店里边住边逛，慢慢选择自己喜爱的商品，最好选择步行。

扫货技巧 这里的商品普遍价格低廉，而且所有的价格都是和店主讨价还价订定的。尼泊尔特色的手鼓、包、玉石等都很受欢迎，当地的弯刀、宝石也销量惊人。这里没有大商店，都是很小的商店里，很多小店都现做现卖，自产自销。羊毛产品很多，但是也可能都是中国生产的（看标签没有用，因为很多产品进货后就已经换标签了）。如果你没有换尼泊尔的钱币，使用人民币也很方便。

NO.2 因陀罗广场

因 陀罗广场街道两侧都是各种各样的小商店，几乎每家商店都以经营莎丽、当地布料和各种披肩为主，是色彩的海洋。这里也出售一些银器和香料，质量上乘，香气扑鼻。广场内的台阶上都摆放着精美的货物，这里最多的货物就是披肩和羊毛制品，广场可以闻到浓郁的檀香。

地 址 Chokchya Galli 29 Kathmandu 44600.

交 通 乘坐当地的人力车到达因陀罗广场，下车随人流步行前往。

扫货技巧 因陀罗广场有很多小店，商品很多，大量的商品色彩艳丽，特别适合女性。整个广场都有檀香的味道，香气扑鼻，购物的人很多，高峰的时候十分拥挤。尼泊尔年纪较大的当地人，很多都懂一些汉语，语言交流没有问题。

NO.3 Dhukuti 商店

家 德满都的 Dhukuti 商店出售各种各样有趣的艺术品、手工艺品，还有各种各样的特色小商品，都是附近个性合作社的妇女生产的，多为一些首饰、家具摆件、手工鞋、手工服装等。这些产品款式新颖，纯手工制作，价格合理，充满当地特色。

地 址 Dhukuti 商店，Lakeside East.

交 通 建议搭乘当地的出租车、摩托车、人力车等交通工具前往，可步行。

营业时间 周一至周五 9：00—19：00，周末 10：00—19：00。

扫货技巧 Dhukuti 商店出售的各种艺术品都带有当地特色，尽量选择木雕木刻等当地特色的产品，刻在煤炭上的图画也值得购买。当地的刀具购买后只能随身携带两把，超过两把需要托运。

NO.4 联合国世界贸易中心

这是加德满都最大的一个购物中心，出售各种奢侈品，如服装、鞋类、数码产品和首饰等，价格没有什么优势，Chanel 的化妆品，Longines 的手表等都能买到，但是款式并不丰富。贸易中心内有很多特色小铺，出售银子和小装饰品。世贸中心还有网吧、室内游泳池等，其在当地是最好的商店。

地　址 United World Trade Centre，Kathmandu，Nepal.

交　通 火车站的游客中心有交通车直达市区，坐满即走。世界贸易中心附近是步行街，汽车不能到达，可以乘坐人力车前往。

扫货技巧 世界贸易中心在当地比较繁华，但是商品并不丰富，也就是国内的普通商场那么大，所以不建议购买奢侈品。商场出售的当地民族服装也比较贵，买一套下来折合人民币1 000 元左右。建议购买一些装饰品和摆件。

扫货秘籍

尼泊尔的航班很多，但主要的交通工具是陆地交通工具，公共巴士在各个景点穿行，小汽车和摩托车都很便宜，人力车也很便宜，出租车起步价很低，但是司机经常不打表。如果你会骑自行车，选择性能良好的自行车出行也很不错。不建议乘坐火车，因为火车很拥挤，而且速度很慢。购物出行最好使用人力车，年老的车夫一般会讲汉语。

尼泊尔是著名的购物天堂，这里的货品产量丰富，品种极多，当地人很友好，对中国人的到来十分欢迎，在他们观念中世界上最好的朋友就是中国人，中国人购物都一定会打折。比较适合在尼泊尔购物的有当地服装、纸张文具等，佛教用具看起来做工十分精美，也可以买一些回来用。

几乎所有的游客都打算购买廓尔喀弯刀，但托运却是个很大的问题，一般情况下很难带上飞机，也有航线说不超过 50 厘米可以办理货物托运，但是以现场的操作为准。铜器和银器可以托运，但是数量稍大就会超过免费重量，最好提前发货运。如果你真想买弯刀，最好是联系当地的快递公司办理跨国货运业务。

马来西亚

特色商品

NO.1

金银首饰

来西亚的黄金白银首饰较为出名，但黄金多不是足金，而是22K金。但因为黄金纯度低，所以售价便宜，且延展性好，造型能力强，能做成各种款式的首饰和器皿，还便于镶嵌各种宝石和金属配件。Cmyvoord，Sun Nice，Tomel Group 都是当地著名的首饰品牌。

购买地点 50 Jalan Sultan Ismail, 50250 Kuala Lumpur, Wilayah Persekutuan Kuala Lumpur.

营业时间 10：00—22：00

联系电话 0060-3-21436092

NO.2

凉 鞋

来西亚气候炎热，几乎一年四季都是夏天，因此马来西亚的凉鞋款式极多，没有过季之说。马来西亚的凉鞋做工精致，销量巨大，每个月都上新款。当地女孩最喜爱 Vincci 品牌，当地艺人制作的手工凉鞋也很受游客喜爱。

购买地点 2eDFloor, Mid Valley Megamall, Level 31 Lingkaran Syed Putra, Wilayah Persekutuan Kuala Lumpur.

联系电话 0060-3-22898688

NO.3

编织工艺品

马来西亚的特色编织品极富特色，如树叶做的桌垫和帽子，藤编的工艺品和储物筐、草叶制作的小包、餐垫、草鞋等物品在马来西亚都十分流行。这些价廉物美、取材自然的编织工艺品，做工精致，造型古朴，充满了浓郁的马来西亚风情，不仅生活中使用便利，而且可以作为装饰或赠送亲人的礼物。

购买地点 Suria Klcc Jalan Ampang, 50088 Kuala Lumpur, Wilayah Persekutuan Kuala Lumpur，阳光广场内商店。

营业时间 10：00—22：00

联系电话 0060-3-23822828

NO.4

巴迪蜡染布

巴迪蜡染布制作工艺十分复杂，不仅运用了传统的制蜡技术，而且使用了煮布、染布、刺绣、做花等工艺，制作出的蜡染布花色很多，色彩美丽，可多次印染形成套染效果。可以用来制作的蜡染布的材料很多，大部分都是棉麻材料，较贵的会蜡染在丝绸或者缎子面料上。

购买地点 Jalan Hang Lekir, 50000 Kuala Lumpur, Wilayah Persekutuan Kuala Lumpur。

营业时间 8：00—17：00

联系电话 0060-3-20260711

NO.5

锡制器皿

马 来西亚的锡制器皿品质极好，制作工艺复杂，制坯、打磨、雕花等工艺全部采用纯手工制作完成，十分精美。锡制器皿隔热和防潮效果好，重量相对较轻，而且延展性好，表面可以制作花纹和浮雕图案。马来西亚当地锡制器皿的主要品牌为 Royal Selangor 和 Tumasek，还有很多手工艺人制作的各种锡制器皿出售，都造型美观，精美绝伦。

Royal Selangor

购买地点 中央艺术坊，No.10，2nd Floor，Jalan Hang Kasturi，50050 Kuala Lumpur，Wilayah.

联系电话 0060-3-22746542

营业时间 10：00—21：00

Tumasek

Tumasek

马来西亚美食很多，奶油老虎虾、象拔蚌、炒肉蟹、椒盐濑尿虾、虾酱炒树仔菜、青布丁、黑胡椒炒蟹、七星斑、肉骨茶、罗惹、椰浆饭等都是马来西亚甚至东南亚流行的美食，在吉隆坡大茄来海鲜餐厅、吉隆坡 Suria KLCC 购物中心广场、吉隆坡美食街（夜间美食街）、沙巴市亚庇曙光广场美食街都可以享用上述美食。

扫货地点

NO.1 Suria KLCC 购物中心（阳光广场 | 双子塔）

Suria KLCC 购物中心位于吉隆坡最高建筑双子塔内，购物中心一共有 6 层，位于双子塔底部，进驻了多个综合超市和百货商场，入驻的商家和品牌众多，部分货品的折扣比香港还要低，购买很划算，商家还会送一些零星的购物券，主要的品牌为 Tiffany，Chanel，Gucci，Louis Vuitton，Ferragamo，Chopard，Cartier……

地 址 Level CP6, Blue Atrium, No 3 Jalan PJS 11/15, Bandar Sunway, 46150 Petaling Jaya, Selangor.

交 通 乘坐轻轨到 KLCC 站下车，出站就是商场底楼。

营业时间 10：00—23：00

联系电话 0060-3-74940456

扫货技巧 购物之前一定要持护照去负 1 楼办理外国人购物优惠卡。商场内的香水很便宜，2 楼的 KLCC 百盛里有各种化妆品出售，持护照可以享受 5% 的优惠，且有很多打折活动，欧莱雅品牌几乎是国内的半价，十分划算。新百伦家的运动鞋、Kiehl's 牛油果眼霜、大嘴猴系列的服装价格都很便宜，值得购买。

NO.2 武吉免登

武吉免登是吉隆坡消费最昂贵、档次最高的购物场所，被称为"星光大道"。这里交通方便，入驻了很多顶级商场和大量全球一线品牌。乐天购物中心、金河广场、BB商场、伊势丹都在这里可以找到，出售服装、化妆品、电子产品和皮革制品，主要品牌是Chanel，Dior 和 Burberry 等，丰富的商品可以让游客尽情选择。

地　址 Bukit Bintang Plaza 111 Jalan Bukit Bintang，55100 Kuala Lumpur, Wilayah Persekutuan Kuala Lumpur.

交　通 乘坐城市轻轨到 Jl Bukit Bintang 站，随人流出站即可。

营业时间 10：00—22：00

联系电话 0060-3-21487411

扫货技巧 武吉免登是当地历史最悠久的购物中心之一，街区四通八达，Pacilion 是其中货品最有特色的一家，当地的特产如手工凉鞋很受游客欢迎。商业区是一个巨大的品牌集中地，价格普遍较贵，欧米茄或百达翡丽的手表，价格会有优惠，可以买入。

NO.3 亚庇曙光广场

亚 庇曙光广场（Suria Sabah）是沙巴最大的购物中心，商家有 22 间品牌概念店，同时出售各种服装、手表、鞋包、珠宝等。Puma，Adidas，Nike 等品牌上新活动频繁，促销活动多，价格和款式都很有吸引力。在这里购买化妆品如 Chanel，Dior，Lancome，Estee Lauder，The Face Shop……价格很实惠，而且有很多更加划算的套装出售。底层的超市出售各种好吃的冰淇淋和椰子汁，5 楼海景露台可以享受美食和风景。

地　址 Suria Sabah Shopping Mall, Jalan Tun Fuad Stephens, Kota Kinabalu 88000, Malaysia.

交　通 如果住在机场附近可以打车前往，市区打车起价 10 元从不打表；来往于市区 City Park 巴士在机场乘坐，每 10 分钟 1 班，司机会在曙光广场停靠。区内有白底绿条的迷你巴士，可以随叫随停。

营业时间 10：00—22：00

扫货技巧 娇韵诗的产品价格十分划算，特别是套装，有很多礼盒和商场促销活动，还有赠品和小礼物。雅诗兰黛的化妆品相对比较便宜，去痘魔术棒和眼胶是游客经常购买的产品。其乐的鞋子品种很多，定价约为国内的 3/4，该品牌常年打折（不打折也有赠品），天然的橡胶鞋 25 马币 1 双，也很漂亮。

扫货秘籍

马来西亚的货币兑换十分划算，人力资源便宜，流通环节快速高效，有的商品没有税，有的商品仅5%~10%的税收，大部分商品都是全世界最便宜的。如果遇到打折、促销、店庆或周年庆等活动，商品价格甚至会低于成本价，性价比极高。

大多数的购物中心都有免税店，相机、笔、手表、香烟、香水、袖珍计算机、音响设备、视听器材、摄影机等，都值得购买，最便宜的免税店位于兰卡威机场。国际信用卡可以在购物广场和酒店广泛使用，而货币兑换也十分方便，可以在银行、酒店、饭店等很多地方兑换，黑市上也有不少兑换摊点，货币兑换最划算的地方是在百货公司内印度人开的店内兑换，汇率最高（他们会先行换为印度币种，再换成当地币种，这样汇率就很划算）。

如果扫货的时间安排不是很充裕，建议最好是在双子塔和武吉敏登两个区域内活动。除了各种奢侈品外，本地的很多银器、铜器、锡器、藤器以及柳条制品均具有当地特色。飞机托运标准为免费行李30公斤，同时随身可以携带不超过7公斤的行李，但是实际上女士再多带个包或者纪念品以及其他的物品均可放行。马来西亚没有消费税，所以购物不存在退税的说法，退税的销售税、货物税、关税仅针对公司用户。

特色商品

NO.1

国际名牌新加坡限量版

在 时尚方面，新加坡一直走在世界前沿，不仅能够买到来自世界各地的时尚品牌，而且还有很多限量版的国际品牌，Louis Vuitton，Miu Miu，Burberry 在新加坡都推出了限量版的商品。

购买地点 The Shoppes at Marina Bay Sands，2 Bayfront Avenue Singapore 018972.

交　通 乘坐地铁 CE 线至 Bayfront 站下车，可以看到滨海湾金沙购物中心的标志。

联系电话 0065-66888868

营业时间 9：30—22：30

网　址 http://www.marinabaysands.com/singapore-shopping/the-shoppes-by-category/

Miu Miu

Buiberry

铅笔俱乐部

NO.2

品牌服装

新 加坡有很多品牌服装，Alldressedup，Ashley Isham，Pencilclub，L.Serelli，Cartelo，Nengdali，Calvin Klein 等都是著名的服装品牌。因为新加坡气候较为炎热，所以服装中夏季款很多。

购买地点 海运广场1号（1 Maritime Square）海湾中心。

联系电话 0065-62765361

铅笔俱乐部

Ashley Isham

卡帝乐鳄鱼

能达利

狮威鲤

狮威鲤

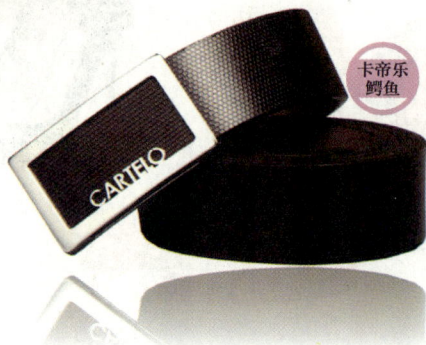

卡帝乐鳄鱼

CARTELO

兰蔻

雅诗兰黛

CERAMIDE
ORIGINAL WATERBASE INGREDIENTS
MOISTURIZING GEL PACK
HANAJIRUSHI

花印

肌研

巴宝莉

NO.3

化妆品、香水

新　加坡的化妆品种类很多，几乎囊括了世界各地的知名品牌。同时，在每年的夏季还有定期的促销活动。如果购买的数量较多，还会按照购买量和价格累计打折并赠送小样。同时，新加坡还有不少的半成品香料和香精出售，免税店和机场等处经常有大量的促销活动。

购买地点 小印度文化中心 48 Serangoon Road Singapore 217959。
交　通 乘坐地铁 NE 线至 LittleIndia 站下车。
营业时间 9：00—10：00
网　址 http://www.heb.gov.sg/our-subsidiaries/little-india-arcade

迪奥

CK

NO.4

鳄鱼皮制品

新 加坡的鳄鱼养殖和鳄鱼皮加工的水平都很高，鳄鱼皮原料充足，经过了精加工被制作成各种精美的皮包、皮鞋、皮带和小饰品，款式美丽，设计合理，价格也比在其他很多地方购买更加划算。

购买地点 高岛屋 ,391 Orchard Road Singapore 238872.

交 通 乘坐地铁 NS 线至 Orchard 站下车。

营业时间 10：00—21：30

网 址 http://www.takashimaya-sin.com

NO.5

兰花、鱼尾狮纪念品

新加坡最值得购买的纪念品就是兰花纪念品了。兰花为新加坡的国花，而兰花纪念品也颇为特别，其制作方法是将兰花浸泡在 18K 或者 22K 的金液中，凝结以后，制成胸花、耳环、夹扣等事物。还有一种制作方法是，将兰花放入特制的蜡中，制成笔筒等各种摆设。当然，作为新加坡的吉祥物，各种鱼尾狮纪念品也不容错过。

购买地点 新加坡樟宜国际机场 DFS60 Airport Boulevard.

联系电话 0065-68919168

鱼尾狮纪念品

SINGAPORE

兰花纪念品

S$155.00

兰花纪念品

想要品尝新加坡的美食，辣椒螃蟹、黑胡椒蟹、肉骨茶、猪肚汤、竹笋炖猪肉、甜酱猪蹄、煎猪肉片、海南鸡饭、娘惹糕等不能错过。在乌节路附近的威士马大食代、牛水车的亚坤咖椰烤土司餐厅、海滩上的乐天海鲜餐厅（摩天轮店）等地都能吃到。

扫货地点

NO.1 哈芝巷

哈芝巷是当地著名的涂鸦街，小巷很窄，却十分有意思，展示的都是伊斯兰风味的民居和酒吧，几乎每家商店都有自己的特色。商店内几乎所有的商品都可以讨价还价。商品很多，从吃的到穿的，以及玩的用的，应有尽有，让人充分享受讨价还价的乐趣。

地 址	Arab Street Singapore.
交 通	地铁武吉士站下车出站，步行到苏丹回教堂后就可以看到小街。
联系电话	0065-63964048
网 址	http://www.mustafa.com.sg
扫货技巧	哈芝巷的墙面十分艳丽，出售各种有特色的小玩意，这里的很多店主都是当地的设计师和个性创业者，有当地手工皮具、鞋类、民族服装出售，钥匙链、发饰等特色商品也很不错。夜晚的酒吧很有特色，可以在这里喝咖啡、谈天说地……

NO.2 牛车水

这里汇集了各种工艺品和香料，民族服装和器皿也很多，有很多中国商品。几乎所有的小贩都可以用汉语交流，沿街都挂着红红的灯笼，充满了浓厚的中国味道。这里的纪念品如冰箱贴或者小摆件款式很多，价格也十分便宜。

地　址 新加坡中国城。

交　通 乘坐地铁 NE 线至 Chinatown 站下车，下车看见红灯笼，走过去即是。

NO.3 乌节路

这里高楼林立，人潮涌动，汇集了差不多 10 家大型购物商厦，主要的商场为义安城、Tangs、百利宫等，东南亚最大的 Louis Vuitton 旗舰店也在其中。这里汇集了服装、化妆品和珠宝等高档商品，让人目不暇接。即使不购物，街头的各种橱窗和艺术作品也让人流连忘返。

地 址 OrchardRoad, Singapore.

交 通 乘坐地铁 NS 线至 Orchard 站下车，顺着人流走过去即可。

营业时间 10：00—22：00

网 址 http://www.orchardroad.org

扫货技巧 这里的奢侈品非常多，还有很多日本人开设的特色小店，商场内的化妆品相对比较便宜。世界品牌相对而言并不便宜，但是货品很齐全。S&M 和 313 的服装便宜实用，DFS 商品很全，巴黎世家做活动的时候用银联信用卡可以享受 9.5 折优惠，年底的折扣也很多，可以来此选购不少特价商品。

归货秘籍

购物之前最好在机场取用一份免费中文版地图，将自己需要购物的地方标注出来，然后规划好自己的行程后购买地铁易通卡到达目的地。新加坡的商场可以刷银联，手续费很便宜，而且办卡和退税都很方便。换钱最好是在机场外面去兑换，很多小店、酒店、银行、饭店都可以兑换，比在机场内换钱划算很多。需要提醒的是，新加坡车辆是靠左行驶的，所以前去购物千万不要坐错了方向。

新加坡购物建议去机场，特别是樟宜机场，因为免税店的商品价格很便宜，而且服务很好，在机场消费还可以像乘客一样享受很多优惠政策，购买后发现买贵了可双倍返还价格，或者30天内可以凭发票无条件全款退货。商场内有很多促销活动，甚至在机场就餐就有机会免费获得商品，机场退税十分方便，甚至退税还会至少获得10%的附加返还奖励，退回的现金可以马上在机场商店消费。

新加坡机场T1新套装的ANR+眼霜、new ANR 100ML长期断货，限购4套，香烟只能购买两条（据说长期护照可以多带几条），购物不需要付小费，但是需要额外交税（酒店也是），购买的电器需要检查插头，因为当地电器是英式插头，需要转换，如果不能转换就无法使用。新加坡本身不大，所以购物只要找对了地方就不容易落单，当地华人很多，交流不是问题。

印 度

特色商品

袜子

开司米
披肩

NO.1

羊绒制品

印 度克什米尔高寒山区生产羊毛，这里用羊毛制作的围巾、开司米披肩、毛绒外套做工精致，十分美丽。身披绵羊毛做成的开斯米披肩出行，是这里的少女最喜爱的服饰。羊绒制作的装饰品、手套、鞋垫、袜子等很不错，是游客很喜爱的商品。羊绒制品很娇气，收藏和保存的时候最好请商家帮忙卷好并除虫。

购买地点 Connaught Place，New Delhi.

交 通 乘坐地铁黄线或蓝线可以到 Rajiv Chowk 站下车，步行至广场小店。

手套

围巾

NO.2

印度丝绸

印 度是仅次于中国的丝绸大国，年产生丝 18 000 吨。因为引进了意大利印染技术，所以丝绸的花色很多，质量上乘，布料十分漂亮。印度丝绸制作的服装、帽子、围巾、包头巾、手巾都很漂亮，丝地毯、丝窗帘和室内装饰品都多漂亮。当地女孩最喜爱的服装莎丽，最昂贵的款式就是用丝绸制作而成的。这种飘逸而艳丽的服装充分展现了印度女孩婀娜的身材和完美的曲线，贴有"旁遮普省丝绸"标签的丝绸是游客最喜爱的商品。

购买地点 Chandni Chowk，New Delhi，Delhi.

交　通 乘坐地铁黄线至 Chandni Chowk 站下，然后可以看到 Main Bazar 的标记。

围巾

NO.3

印度皮革

印 度皮革因为皮料比较厚，皮料密实，能够使用很长时间，同时耐磨，也便于制作撞钉、压花、镂刻等工艺，所以皮革看起来有特殊的花纹，十分美丽。现在印度的皮鞋和皮包都有很强的设计感，款式新颖，设计合理，手感很好，价格也相对实惠，游客往往会大量购买印度"Tola"品牌的皮革制品。

购买地点 Bapu Bazzar，Jaipur，Rajasthan，India.

NO.4

珠宝首饰

印度女性喜欢通过佩戴首饰的方式来展示自身的婀娜多姿、华丽动人的一面，所以印度的首饰款式很多，多是些艳丽的颜色，也有些单一色彩的银饰和金属首饰。当地出产的珠宝首饰多为宝石镶嵌，除了传统首饰的项链、戒指、手镯、脚链等，还有很多鼻饰、手环等装饰品出售，主要珠宝品牌为 Amrapali 和 Bapalal Keshavlal。

购买地点 Johari Bazaar商店，Queens Rd，Chuwapimpara，Jaipur，Rajasthan 302021, India.

联系电话 0091-98-28244033

Bapalal Keshavlal

Amrapali

脚链

Amrapali

Amrapali

NO.5

大吉岭红茶

大吉岭红茶生长在喜马拉雅山山麓的大吉岭高原上，茶叶生长地云雾弥漫，昼夜温差大，茶叶有着特殊的香气。优质的大吉岭红茶冲泡后，在白瓷茶杯周围能看到明显的黄金圈，有特殊的葡萄麝香的味道，口感很好。大吉岭红茶产量较小，是当地珍贵的茶种，有"大吉岭""阿萨姆""尼尔吉里"混搭点心、巧克力等味道，有机会品尝一定不要错过。

购买地点 Taj Mahal，Agra，位于泰姬陵附近，是政府经营的市场。

NO.6

手工艺品

印度各大城市都有很多出售手工艺品的装饰店，当地盛产铜器、象牙、大理石和木器，银器、陶瓷、宝石、珍珠的品质也相当不错。印度手工艺品价格普遍都不高，做工精美，多为纯手工或半手工制作，自己使用或者赠送亲人都是不错的选择。当地大象造型的手工艺品很受游客欢迎。

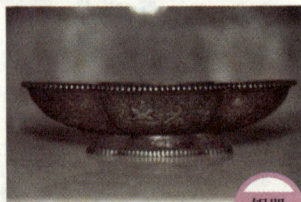

购买地点 Central Cottage Industries Emporium，Jawahar Vyapar Bhawan，Janpath，New Delhi，Delhi 110001 Tolstoy Road，HC Mathur Lane，New Delhi.

交　通 乘坐地铁黄线至 Chandni Chowk 站下，随人流走可看到店铺的标志。

联系电话 0091-11-23320439

网址 http://www.cottageemporium.in

NO.7

香 料

对 于印度和印度菜来说，香料是生活中不可或缺的部分，香料中的茴香、芥子油、丁香、咖喱粉、蒜泥、豆蔻、香菜、洋葱、清油等可以调制成不同的口味，用作调料的 喱粉超过千种。这些美味的香料就好像是食物施了魔法一样，使得食物变得芬芳美味，可以加快血液循环，使得身体轻松舒畅，部分香料也是制作香精和香水的原料。加入香料制作的印度神油，不仅是男欢女爱的催化剂，也能放松身体，释放压力，帮助身体保持良好状态。

购买地点 Taj Mahal，Agra，位于泰姬陵附近，是政府经营的市场。

咖喱粉

豆蔻

香菜

洋葱

以印度烩牛肉、烤肉泥、印度飞饼以及以坦肚喱，咖喱鸡、咖喱鱼为主的咖喱美食都是印度的传统美食，可以在新德里的 Sam's Cafe 餐厅、新德里的帕哈拉甘大市场、孟买机场的 China House 餐厅享受上述美味。

扫货地点

NO.1 帕哈拉甘

帕 哈拉甘是新德里著名的大市场，也是背包客最乐于前往的地方。许多当地人都很乐于到这里来购买商品，而游客更是对这里流连忘返。帕哈拉甘出售手工艺品、纱丽、手镯和玻璃制品，棉布裙子也是让人眼花缭乱的商品。相对昂贵一点的东西是披肩和围巾，也有很多受到游客喜爱的丝绸服装、丝绸家居用具等销售。

地 址 Parharganj Area，新德里火车站附近。

交 通 从新德里机场可以乘坐城市地铁到火车站，换乘地铁蓝线可以到 Ramakrishna Ashram Marg 站下车步行，看指示牌即可。坐出租车从机场出发需要 70 卢比，城际铁路需要按照时刻表来进行（印度的火车是出名的慢，不推荐乘坐）。

扫货技巧 新德里是港口城市，出行购物后可以边买边办理托运，这样可以节省很多力气，国际速递公司在市场周围有很多，不仅省力，价钱也比机场托运便宜很多。另外，在当地最好使用印度货币购物，换钱要去银行，不要在市场中兑换。

NO.2 Fabindia

F abindia 是位于孟买城区内一家出售印度服饰店的店名，内有各种各样的服饰和棉布出售，也有少量手工艺品和首饰出售。店内的购物环境很好，有馥郁的檀香味道，灯光有些暗淡，但是看起来充满了异域风情，在这里购买的商品质量上乘，价格实惠，店内常年有各种促销活动。

地 址 Jeroo Building，137，M.G.Road，Kala Ghoda，Colaba，Mahatma Gandhi Rd，Kala Ghoda，Mumbai.

交 通 女性最好结伴而行并乘坐当地的出租车前往，出行直接向出租车公司租一整天车，不能在路上和搭讪的男人聊天。摩托车可打表，男性乘客可以乘坐摩托车前往。

联系电话 0091-22-22626539

网 址 http://www.fabindia.com/

扫货技巧 印度的服务很热情，所以你如果不想购买，一定不要去看他们的眼睛。商店内有很多美丽的服饰，女孩子最好一起去购买，完全可以放心地试穿各种服装。推荐购买各种棉布花裙和手工艺品，但不建议购买纱丽，因为回国后很少有穿的机会，当然你想收藏是另外一回事。

NO.3 斋普尔印度手工艺品市场

斋普尔被誉为"粉红之城"，是印度最著名的小商品集散地，这里是真正自由购物的地方。手工艺品市场内有各种首饰、服装、鞋类和装饰品，充满了浓郁印度风情的宝石和银器也很出名。手工艺人在这里出售自己的商品，各种镶嵌宝石的工艺品和首饰可以现场制作和出售，让人流连忘返。

地 址 8，Parsurampuri，Opposite Jal Mahal，Amer Road，Jaipur，Rajasthan—302 002，India，Jal Mahal，Amer，Jaipur，Rajasthan 302002.

交 通 斋普尔是一座小城，公交车很拥挤，无法用汉语报站，最好乘坐当地的"嘟嘟车"（也就是人力车）前往。尽量去游客中心乘坐。旅游车不会经过这里，同行几人可以包车前往。

联系电话 0091-94-14055735

网 址 http://www.indiamart.com/indiancraftsbazaar/

扫货技巧 斋普尔印度手工艺品市场较大，也比较混乱，购物时最好带指南针或指北针。这里的首饰多以价位低的为主，小贩推销的各种宝石如果宣传"神奇疗效"，请一定不要购买。这里以棉布制作的服装很出名，特别是女性喜爱的花裙子，可以多买几条。

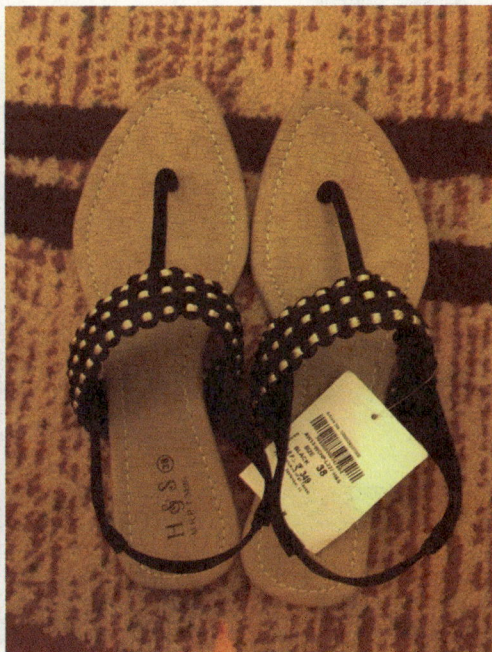

扫货秘籍

印度购物十分划算，当地有世界上最大的钻石加工厂，做工精致，售价低廉。很多购物者都认为印度的钻石质量不好，其实这不过是一个误会，当地的钻石加工工艺很高，而且人力资源便宜，但因为缺少营销手段，使得当地的钻石不出名，如果趁着汇率低的时候买入很划算。

在印度可以通过购物了解到当地的基本文化和风俗，数量繁多的工艺品是印度的特色，大部分工艺品都由手工制作而成，当地的木器和镶嵌了宝石的大理石摆件是具有鲜明特色的商品，床单和台布往往镶嵌有小镜子，看起来别具一格。刺绣品精美绝伦，让人不得不佩服其卓越的手工工艺。出行请多准备零钱，当地需要付小费。

印度最好的航空公司是 Jetairway 公司，Kingfisher 也很不错，两家公司对托运的行李都明确规定不超过 25 公斤，随身携带不超过 5 公斤。但是印度航空竞争激烈，为了争夺客源，货物的限重检查都不严格，所以购物的时候尽可以放心。如果超出过多，1 公斤约补交人民币 169 元。

印度航空对液体的限制很严格，只能够携带 50 毫升的液体，并且只能放入随身行李中，如果单独包装检查很复杂。不允许携带植物或者种子，各种肉类也不能上飞机。相对于发达国家，印度机场比较贫穷落后，要作好心理准备。

第 3 章 Chapter3
美 洲

一条巴拿马运河将美洲一分为二，
北面是象征现代和文明的美国和加拿大，
南面则是象征激情和狂野的巴西和阿根廷。
但不管是现代还是狂野，
这里依然是不可多得的扫货天堂，
如纽约第五大道，
布宜诺斯艾利斯的佛罗里达步行街，
里约热内卢的里约苏尔……

美国

特色商品

LEE

DF

CK

Palph Lauren

Levi's

NO.1

高档品牌服装

美 国的服装款式很多，Diane von Furstenberg，Calvin Klein，Levi's，LEE 等品牌，都是世界知名的高档服装品牌。如果在打折季前往购买，不仅会有巨大的优惠，且更容易选到合适的尺码。因为打折的往往以小尺码居多，比较适合身材相对瘦小的亚洲人。

购买地点 Shop Gotham NYC Shopping Tours， 340 E 80th St， New York， United States.

联系电话 001-917-5996650

网 址 http://www.shopgotham.com/

NO.2

品牌皮具

B illykirk，Coach，Harryson&Dinald，Ralph Lauren，Deborah 都是美国著名的高档皮具品牌，也是闻名世界的奢侈品，体现了精湛的加工工艺和设计水平。美国的皮具不仅有高档的奢侈品，也有印第安风格的纯手工包，还有各种实用性很强或者个性十足的皮具。前者日常使用发挥了巨大的收纳作用，后者是追求潮流和配件的好帮手，在打折季节，这些价格优惠并且款式新奇的皮具，吸引了很多游客前来选购。

购买地点 Century 21，22 Cortlandt St，New York.

交 通 乘坐地铁 E 线到世界贸易中心车站，出站后步行即可；乘坐地铁 2 号线或 3 号线至 Park Place，出站后步行即可。

营业时间 周一至周三 7：45—20：00；周四 7：45—22：00；周五 7：45—20：30；周六 10：00—20：00；周日 11：00—19：00。

联系电话 001-212-2279092

网 址 http：//www.c21stores.com/

Harryson Dinald

Ralph Lauren

Coach

Coach

Deborah

NO.3

珠宝首饰

美 国的首饰款式极多，Tiffany&Co，Harry Winston，Chopard，Kenneth Jay Lane 都是世界知名的珠宝品牌。这些首饰，上到英国女皇、好莱坞影星，下到平民，都是竞相追捧的品牌。在美国本土购买这些奢侈品，售价相对而言会比较低。值得一提的是，美国的人工费比较贵，因此，如果要现场加工各种首饰，会收取相当高的费用，并且还会经历一段时间的等待才能取件。

购买地点 罗斯福购物中心，630 Old Country Rd, Garden City, NY 11530, United States, Desert Hills Premium Outlets, 48400 Seminole Drive 300, Cabazon, CA, Los Angeles.

美宝莲

Kiehl's

Estee Lauder

Olay

Clinique

Lancome

Lancome

NO.4

化妆品

E stee Lauder, Lancome, Kiehl's, Olay, Clinique, Maybelline……说到美国的化妆品, 几乎所有爱美的女性都能叫得出这些品牌。这些世界顶级的化妆品牌虽然价格不菲, 但一直是女性追捧的对象。不过, 在美国购买这些化妆品, 却可以享受到大量的折扣。尤其是某些没有官方渠道进入国内市场, 只能通过代购获得的化妆品, 其价格相差非常巨大。此外, 很多化妆品都有适合黄种人的肤质的, 值得购买。

购买地点 萨克斯第五大道精品百货店, 611 5th Ave, New York.

苹果

柯达

KOSS

戴尔

惠普

NO.5

电子数码产品

苹果手机、iPad，戴尔和惠普的笔记本，Drado 和 Koss 的耳机，柯达相机，微软的平板电脑都是美国销量很大的数码产品，且价钱比国内便宜，款式很新，服务周到。新出的各种手机如苹果和黑莓系列都具有很强的竞争力，让游客爱不释手。各种数码配件如数码镜头和移动硬盘等产品价格也很便宜，无论是质量上还是外观上都具有优势，是美国之行不可错过的好礼物。值得注意的是，美国的硬件和软件是单独卖的，软件售价十分高昂，最好回国后装上软件再使用。

购买地点 纽约肯尼迪机场免税店，**New York，NY 11430 United States.**

自然
制造

欧普
特蒙

NO.6

营养制剂

美国的营养制剂产业十分发达，著名品牌包括 GNC（健安喜），Puritan's Pride （普瑞登），Nature Made（自然制造），Neocell，Nemans（纽曼斯），Nature's Bounty（自然之宝），Optimum Nutrition（欧普特蒙），Y.S. Organic 等，且价格低廉，大瓶的善存片售价仅 8 美元，DHA 制剂适合从婴儿到老人各个年龄阶段的人使用。

GNC

Y.S.
Organic

购买地点 **Hong Kong Supermarket, 6023 8th Ave, BrooklynNY 11220, New York.**

联系电话 **001-718-4382288**

Reebok

新百伦

匡威

NO.7

运动服饰

N ike（耐克），Reebok（锐步），New Balance（新百伦），And1，Converse（匡威）是美国著名的运动品牌，不仅价格便宜得让你吃惊，而且款式极多。不仅在商场推出了新款柜台，也在店外工厂或打折店出售，甚至在超市都有大众版的服装和鞋帽出售。当然，限量版的款式也可以一睹其风采。总之，其优惠的价格会让你乖乖地掏出钱包。如 Levi's 的牛仔运动装，打折季低至10 美元，相信你一定会着急着去扫货的。

购买地点 Woodbury Common Premium Outlets，498 Red Apple Court Central Valley, NY 10917；421 Rodeo Dr, Penthouse 1 Beverly Hills, CA 90210, Los Angeles.

And1

Nike

NBA 纪念品

NO.8
体育用品

美国是一个崇尚运动的国度，篮球、棒球、垒球、高尔夫球及其各种产品，如球杆、球、护腕护膝、NBA 纪念品，MLB（美国棒球联赛）、橄榄球联赛的纪念品不仅更新快，款式多，而且价格非常便宜。此外，各种促销增值活动也能让消费者享受各种实惠。

购买地点 伍德贝瑞名牌折扣购物中心，498 Red Apple Court，Central Valley，New York.

篮球

高尔夫手套

垒球

棒球

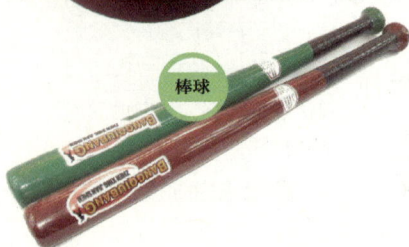

高尔夫

美国虽然不像中国或者法国那样，有着悠久的饮食文化，但也拥有很多富有特色的美食，如特大哨、布法罗辣鸡翅、科布色拉、阿拉斯加鳕鱼柳、夏威夷沙律、美国大龙虾等。想要品尝它们，可以去纽约时代广场附近的 Blue Fin 餐厅，哈得逊河边 Edgewater Town 中的 The Crab House 餐厅（餐厅在新泽西州，但地理位置和曼哈顿仅仅隔了一条河），洛杉矶的 LA 日餐厅，旧金山市区的西田旧金山中心等地。

扫货地点

NO.1 第五大道

第五大道是美国曼哈顿一条重要的商业街，街道两侧高级百货公司林立，名媛淑女和翩翩君子穿行其间，西装革履，英气逼人。第五大道很长，位于 34 街区和 60 街区的部分被称为"梦之街"。这里汇集了各种各样的顶级百货公司，出售化妆品、箱包、香水，各种珠宝、巧克力，以及各种酒水、数码产品、服装和皮具，让人在这里触摸到时尚灵动的脉搏。这里是各种摩天大楼最集中的地方，经常会有时装发布会在这里举行，这也是世界上名流的聚集之地。

地　址 34-60 街区，曼哈顿，纽约。

交　通 乘坐地铁 B，D，F，V 线在 47-50（洛克菲勒中心）站下车，步行即可；乘坐地铁 E，V，6 号线至第 51 街（莱星顿街）站下车，步行即可。

NO.2 萨克斯第五大道精品百货店

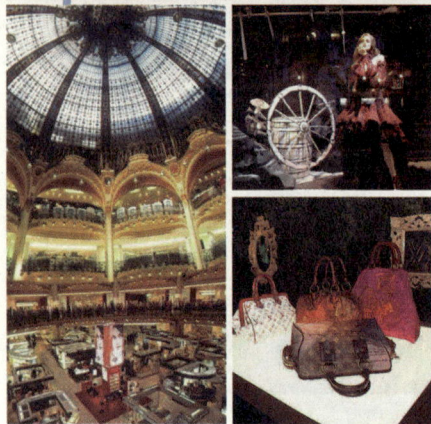

第 五大道是奢侈品的集中地，街道两边都是密密麻麻的奢侈品商店和专卖店。萨克斯第五大道精品百货店是顶级百货公司阵营中的佼佼者，这里出售来自世界各地顶级的品牌的服装、鞋类和化妆品，如 Burberry，Juicy Couture 等品牌都是备受客户喜爱的商品。比其他的百货公司更为优惠的是，大部分百货公司都是圣诞节前集中打折，而该百货店会不定期地针对所出售的品牌商品进行打折活动，一定会让你有很多的惊喜。

地 址 萨克斯第五大道精品百货店，611 5th Ave，New Yor.

交 通 乘坐地铁 B，D，F，V 线在 47-50（洛克菲勒中心）站下车，步行即可；乘坐地铁 E，V，6 号线至第 51 街（莱星顿街）站下车，步行即可。

联系电话 001-212-7534000

网 址 http://www.saksfifthavenue.com/Entry.jsp

扫货技巧 这里出售的商品比较多，甚至部分品牌都是针对极少数商家出售的限量版，选择余地也很大。精品百货店内有很多特价款式，需要自己去"秒杀"，一定要提前和朋友做好功课。

NO.3 梅西百货

梅 西百货是美国著名的百货公司，位于帝国大厦 34 街，是一个巨大的购物中心，不仅挑战着你的眼光，而且挑战着你的体力。商店主要出售各种服装、鞋帽和家庭饰品，货品极多，服务也很周到，其打折力度是各大百货公司中大名鼎鼎的"大手笔"。梅西百货中的 Lush 的专卖店出售各种精油制作的香皂，看起来好像各种美味的甜品。

地 址 Macy's Herald Square，151West 34th Street，New York.

交 通 乘坐地铁 B，D，F，M 线，到 34 街口 HeraldSq 站下车，步行 5 分钟即可。

联系电话 001-212-6954400

扫货技巧 梅西百货是大名鼎鼎的百货公司，有很多优惠，去之前最好登录官方网站进行会员注册。网站有各种优惠券、折扣券和抵用券，可以提前下载后分门别类存放在文件夹中，购物时可以提前进入百货公司扫货。

macy

sunglass hut

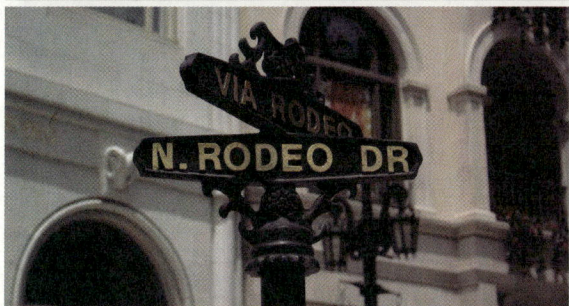

NO.4 罗迪欧大道

罗迪欧大道是洛杉矶最高级的商业街，出售来自世界各地的顶级品牌，各种商业珠宝品牌和包具应有尽有，让人目不暇接。Bvlgari、Bally、Chanel、Cartier、Dior、Valentino、Omega 等各个品牌的商品销售业绩坚挺，购物环境很舒适，街道的绿化和休息区都很不错，交通也十分便捷。

地　址 421 Rodeo Dr, Penthouse 1 Beverly Hills, CA 90210，Los Angeles.

交　通 乘坐地铁红线至罗迪欧大道，下车步行即可。

联系电话 001-310-4326640

扫货技巧 罗迪欧大道附近的商业中心很多，购物环境舒适。这里的商品除了圣诞节的固定打折季以外，还会享受到各种不定期的折扣，如果要享受会员折扣的话，需要注册会员并办卡（最好随身携带会员卡）。

NO.5 伍德贝瑞名牌折扣购物中心

这里是大名鼎鼎的折扣店，各种各样的货品数量很多，但是多为品牌的底仓或者尾货，品牌多，尺码不齐。因为所剩下的服装多为小码，比较适合亚洲人比较瘦小的身材。折扣店除了服装以外，还出售各种品牌的包具、鞋子和家居用具，鞋子的尺寸相对而言偏大，并且鞋子特别是休闲鞋比较肥。出售的家居用具设计新颖，造型独特，很受顾客喜欢。

地 址	498 Red Apple Court，Central Valley，New York.
交 通	折扣店位于郊区，距离市区约 1 个半小时车程，可以自行驾车前往。市区有两条到达购物中心的免费巴士，从曼哈顿发车的巴士可以停靠唐人街包厘街 26 号和曼哈顿 42 街汽车总站处。另外一条专线在皇后区法拉盛上车并在 39 大道 136-18 飞达西饼屋门前上车，坐满即走。
联系电话	001-845-9284000
网 址	http://www.premiumoutlets.com
扫货技巧	伍德贝瑞名牌折扣购物中心里面的专卖店很多，部分专卖店需要限号才能进入，所以最好提前去排队，如果人数较多，可以每个人排一个队并各自拿号，这样便于选购自己喜爱的商品，时间也比较充裕。

NO.6 Desert Hills Premium Outlets

购物城位于洛杉矶郊外棕榈泉附近的 Cabazon 小城，交通便利，是世界上最大的折扣中心之一，距离市区约 1 个半小时车程。这里有 120 家小店，商品能够享受到 5 折甚至是 3 折的优惠，价格上的实惠吸引着庞大的购物团前来购买商品，这里的购物旅游已经成为一个显著的城市名片。

地 址	48400 Seminole Drive 300，Cabazon，CA，Los Angeles.
交 通	折扣店位于郊区，距离市区约 1 个半小时的车程，可以自行驾车前往。市区有两条到达购物中心的免费巴士，从曼哈顿发车的巴士可以停靠唐人街包厘街 26 号和曼哈顿 42 街汽车总站处。另外一条专线在皇后区法拉盛上车并在 39 大道 136-18 飞达西饼屋门前上车，坐满即走。
联系电话	001-951-8490125
营业时间	周一至周五：10：00—21：00；周日：10：00—20：00；周六、感恩节、圣诞节等节日不营业。
扫货技巧	购物村很大，最好自驾前往。每天专卖店都会有各种不同的货品上架销售，因此需要尽早去，最好是周一到周五前往。购物前应找到专卖店的位置，"对号入座"，以免在购物村中逛来逛去错过购物的好时机。建议购买前先列清单。

NO.7 Costco

C ostco 是美国最大的仓储式连锁超市，实行仓库式的管理方式，出售各种各样的服装、鞋类和电子数码产品，婴儿奶粉等食品的价格也十分优惠，因此吸引了很多游客在这里购买。卖场很大，货品最大的优势就是便宜。不过，因为是仓库式的卖场，服务会稍微差一些，很多地方需要自己动手。

地　址 Costco Wholesale 5101 Business Center Drive Fairfield, CA 94534，San Francisco.

扫货技巧 这里实行的是会员制度，购买商品结算时必须出示会员卡，如果你没有办卡，可以向有卡的会员借用。

NO.8 西田旧金山中心

这 是旧金山最好的百货公司，因为其周到的服务闻名全美，不仅服务生彬彬有礼，而且这里还提供无条件换货服务。这家购物中心是由一个大皮鞋商场改建而成的，因此这里的皮鞋款式极多，而且款式也极为精美。相对而言，售价稍微比别的百货公司要高一些，这里享受着贵族般的购物气氛，有人专门弹奏钢琴，店内的装饰也很豪华。

地　址 Westfield San Francisco Shopping Centre865 Market St，San Francisco.

联系电话 001-415-4955656

扫货秘籍

　　美国是不退税的国家，而且营业税本身也是按照各个州的规定来征收的，因此同样的商品按照税收的计算价格会有差异。美国是购买奢侈品的天堂，各种各样的奢侈品因为关税和渠道的原因会有相当大的差价，同时，一些具有本地特色的商品如印第安特色的皮具也值得购买。

　　美国的商品实行明码标价，在正规百货公司的专卖店没有讲价的说法，标签上都标注了价格，折扣率和折扣时间也一同标注在上面。美国的法律体系十分规范，极少出现商业欺诈等行为，所以购买商品完全可以放心。

　　以购物为目的的赴美签证办理很容易，购物团去美国人均消费为 6 000 美元。免费行李托运为 23 公斤，液体物品不能随身携带（如酒、饮料、水状和乳状化妆品等），低于 10 毫升的液体化妆水分装后可以放在随身行李中。收费行李为 3 件，每件除了按照重量计费，还要加收每件 25 美元的手续费。受到飞机货仓尺寸的限制，部分货物不能随飞机托运，需要单独换飞机或者货机托运，货物包装上应贴上识别标签（没有单独的货物标签挂在行李上）。

加拿大

特色商品

NO.1

高级服装

加拿大本国每年在温哥华举行的服装展销大会，吸引了来自世界各地的服装商和设计师前来发布自己的作品，Reebook，Garage，TNA，The Children's Place，Root，Spore Check 都是当地人喜爱的品牌。这里跳跃着服装界最流行的信息，也展示着做工精良的服装和配搭用具，相对而言，都是新款发售的时候价格会比较高，进入打折季后就能淘到不少性价比很高的服装。

购买地点 BCBG Max Azria 商店，1080 Robson St., Vancouver BC V6E 1A7, Vancouver.

营业时间 周一至周三 10：00—19：00；周四至周六 10：00—21：00；周日 11：00—18：00。

联系电话 001-604-6813733

手链

抱枕

摇头娃娃

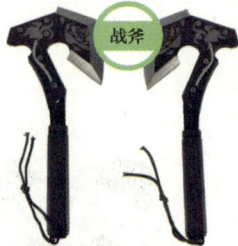

战斧

指环

NO.2

印第安特色商品

印 第安人是这里的原著居民，经历了漫长的历史发展，现在依旧保存着他们独特的文化魅力，充满浓郁印第安特色的商品在美国的销售也很兴旺，独特的造型和美丽的图案吸引着游客的目光，这些商品普遍价格便宜，个性十足，充满厚重的文化底蕴，很多游客都会选择带一点印第安风味的商品回去"压箱底"。

购买地点 Granville Island Public Market，1689 Johnston St, Vancouver, British Columbia, Canada.

手表

项链

NO.3

鱼油、海豹油、海狗油、鲨鱼油

加拿大的天空很蓝，海水很清，在无人的深海区域里生活着各种各样的野生动物，海豹、海狗，鲨鱼在这里自如地游动。这里的海洋动物生活在没有污染的环境里，肉质新鲜，味道鲜美，体型健康肥大。深海产品的加工工艺也处于世界领先地位，主要产品有：小铁人、Bill 康加美、Life 深海鱼油；永信、webber naturals 海豹油；Life 鲨鱼油等不仅质量上乘，而且售价便宜，是不可错过的保健品。

购买地点 Toronto Eaton Centre，220 Yonge Street·Suite 110, Toronto, Ontario, M5B 2H1, Canada.

交　通 乘坐地铁 YUS 线至 Queen Station—Southbound Platform 站下车。

营业时间 周一至周五 10：00—21：30，周六 9：30—21：30，周日 10：00—19：00。

联系电话 001–416–5988560

网　址 http://www.torontoeatoncentre.com/en/Pages/default.aspx

Bill

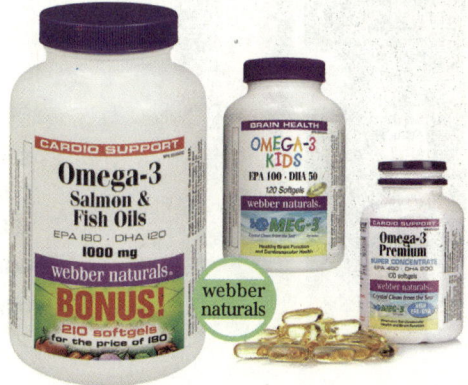

webber naturals

Life

小铁人

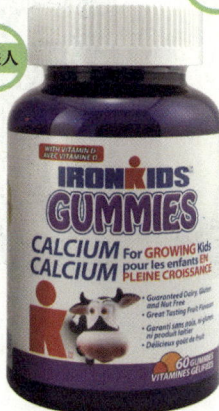

小铁人

小铁人

云惜

云惜

云惜

购买地点 Square One, 100 City Centre Drive, Mississauga, Ontario L5B 2C9, 加拿大。

联系电话 001-905-2797467

网址 http://www.shopsquareone.com

NO.4
冰 酒

冰 酒的制作材料主要是葡萄。用来酿酒的葡萄需要在低于 -8℃的气温下自然冰冻后才能采摘。用这种葡萄酿出来的葡萄酒具有酸甜平衡的口感，可以美容养颜，也可以预防心脑血管疾病，非常适合亚洲人的口味。加拿大的冰酒产量比较稳定，最早产于英属哥伦比亚省沃特·海恩勒酒厂，安大略省产量较大。常见酿造葡萄品牌为威代尔、琼瑶浆、霞多丽、雷司令，白比诺、黑皮诺、梅乐、品丽珠等；常见的冰酒品牌为云惜、洛特凯宁、北海岸、名装贵族。

白海岸

白海岸

白海岸

白海岸

NO.5

枫糖、枫糖浆

棕 红色的枫糖看起来晶莹剔透，色彩宜人，带着纯天然的香气和美丽，装在玻璃瓶中实在是太漂亮啦！枫糖的用途很多，不仅可以直接食用，而且可以用来调制面包的口味，用枫糖制作出的糖浆还能制作各种菜品，冲泡各种饮料更是不在话下。枫糖是加拿大的特产，主要的品种是雅玛斯卡和 Hady Maple Farm 等，是来到这个国度的游客人手一瓶的美味，你一定不要错过这来自大自然的馈赠哦！

雅玛斯卡

购买地点 Clayburn village store，34810 Clayburn Road，Abbotsford，BC V2S 7Y9canada.

联系电话 001-604-8534020

Purdy's

NO.6

巧克力

加 拿大出产各种各样的巧克力，多为手工制作，原色居多，味道醇厚，香气十足，造型美观。这里的巧克力多为"有馅"的巧克力，榛子、各种果粒都被包裹在巧克力中，让人爱不释手，恨不得要把所有的美味都品尝一遍呢！如果你有幸来到这里，Rogers' Chocolates，Purdy's 都是经典的巧克力品牌，一定不要错过哦！

Purdy's

购买地点 Square One，100 City Centre Drive，Mississauga，Ontario L5B 2C9，Canada.

联系电话 001-905-2797467

网　址 http://www.shopsquareone.com

NO.7

鲑鱼制品

生 活在加拿大深海区域的鲑鱼，味道鲜美，肉质特别细腻，色泽鲜红，经络明显，直接生吃味道很鲜美，也可以经过加工做成各种菜品。鲑鱼浑身都是宝，不仅可以提炼各种生物制剂，而且可以制作成鲑鱼油、鲑鱼丸等各种制品，是保持身体健康，维持代谢平衡的好帮手。

鲑鱼油

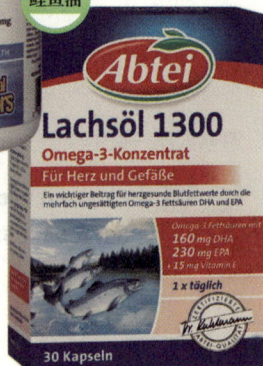

购买地点 Fairview Mall，1800 Sheppard Avenue East 285，The Peanut，ON M2J 5A7，Canada.

交　通 乘坐地铁 SHE 线至 Don Mills Station—Westbound Platform 站下车。

联系电话 001-866-5817765

网　址 http://www.fairviewmall.ca

鲑鱼丸

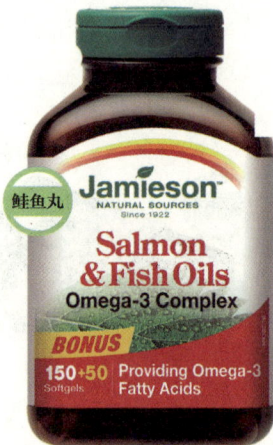
鲑鱼丸

枫糖煎三文鱼、漏斗蛋糕、肉汁奶酪薯条、冰块牡蛎、拔蚌刺身、冰酒、枫树果露等是加拿大的特色美食，在温哥华河边的 The Sandbar Seafood Restaurant 餐厅、温哥华格兰威尔岛的布里奇斯餐厅酒吧、多伦多市区的怀石料理（Kaiseki Yu-zen Hashimoto）等地可以品尝到上述美味。

扫货地点

NO.1 海湾百货商店

温 哥华的海湾百货商店于 1670 年成立，距今已有 300 多年，是个名副其实的"老古董"，是北美最早的百货商店之一。海湾百货商店出售各种各样的商品，从最昂贵的奢侈服装、钻戒和皮鞋，到最实惠的小饰品和家具应有尽有，便宜而舒适的服装和皮鞋也备受欢迎。不管你是添置一身"行头"，还是想给自己的家里来点"创意"，或是选购一件礼物给自己的亲人，都是不容错过的淘宝之地。

地 址 674 Granville Street, Vancouver, British Columbia, V6C 1Z6.

交 通 乘坐 Skytrain 线路在 Granville Station 站下车，步行出站即可。

营业时间 周一、周二 9：30—19：00，周三到周五 9：30—21：00，周六 8：00—19：00，周日 11：00—19：00。

联系电话 001-604-6816211

网 址 http://www.thebay.com/webapp/wcs/stores/servlet/en/thebay

扫货攻略 海湾商店的布景非常有特色，各种各样的商品在这里展示。奢侈品区看起来光鲜豪华，印第安商品充满着浓郁的民族特色，食品区内各种各样的食物让人垂涎三尺，琳琅满目的皮鞋让人目不暇接。在此购物，一定要记得去店门口取地图，以免在商店中找不到方位，也要注意尊重各民族的文化和特色。

NO.2 太平洋购物中心

温 哥华的太平洋购物中心是一个集购物、娱乐、咖啡、休闲于一体的"超级航母"，购物环境舒适，商品质量上乘，设计新颖，出售的商品往往来自世界各地的品牌。这里不仅有一个巨大的购物大厅，而且有 200 多家各具特色的门店，每个门店的设计和橱窗都不一样，有的店面甚至每天都更换展示橱窗，让你的眼光情不自禁地"秒杀"这些美丽的服装和鞋子。各种包具也是这里的"重头戏"，如果你来到这里，一定不要错过感受这个商业氛围的机会！

地 址 700 West Georgia StreetDowntown，Vancouver，BC.

交 通 乘坐 Canada Line 轻轨在 Pacific Centre Mall 下车，出站即可。

营业时间 周一至周二 10：00—19：00，周三至周五 10：00—21：00，周六 10：00—19：00，周日 11：00—18：00，全年无休。

联系电话 001-604-6887235

网 址 http://www.pacificcentre.ca/en/Pages/default.aspx

扫货攻略 温哥华的太平洋购物中心地理位置很好，很远就可以通过笔直的街道看到她美丽的身影。整个街道有三条街那么长，路边有很多可以歇脚的咖啡吧，可以外带美食，可以进行货币兑换，购物中心内的 Apple Store 十分有趣。

NO.3 Yorkdale 购物中心

Y orkdale 购物中心是当地人和游客特别喜爱的商场，位于多伦多城市西部，交通便利，有一个巨大的停车场，处于 401 与 Allen 路的交接处，夜幕落下华灯初上的时候十分显眼。Yorkdale 购物中心内设多个品牌专卖店，出售各种各样的服装、鞋包、化妆品和家居用具。这里离大学很近，因此有很多学生前来购物。

地　址 1 Yorkdale Road 500，Toronto，ON M6A 2T9，加拿大。

交　通 乘坐地铁 YUS 线到 Yorkdale Station——Northbound Platform 站下车，下车需要沿着路牌指示方向步行 15 分钟。地铁比较拥挤，最好自驾前往。

联系电话 001-416-7893261

网　址 http://www.yorkdale.com

扫货攻略 Yorkdale 购物中心内的扶梯很宽，空间比较大，咖啡厅和电影院的座位都很大，而且试衣间的空间也舒适，来这里购物的客户相对很稳定。2 楼有很多服装常年折扣，圣诞节的折扣很多，值得期待。

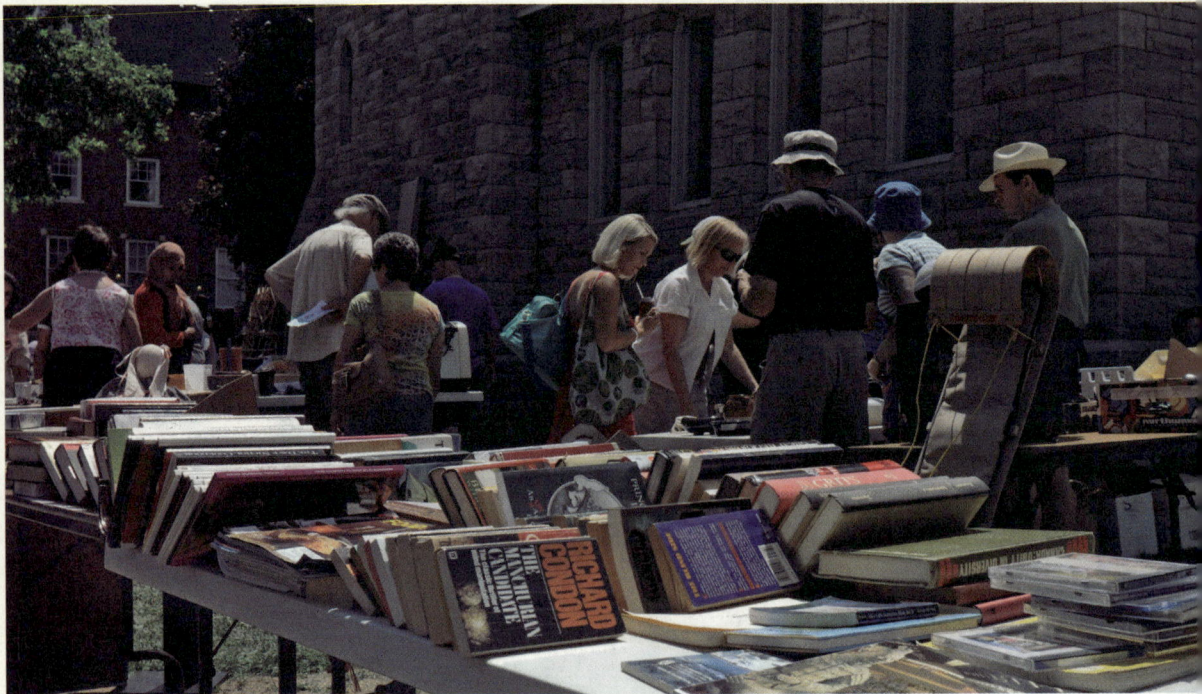

扫货秘籍

加拿大原产的特色商品中，除了当地的高级服装在价格上有一定的优势之外，奢侈品牌几乎都不是本土的，购买香水、手表、高档皮具和箱包都没有特别的优惠。加拿大气候寒冷，冬季需要身穿保暖性特别好的羽绒服、皮鞋或者棉衣，这些商品售价昂贵，但却不适合在温带气候下穿着，当地特色的皮毛帽子和手套在气候温暖的地方反而成为一种负担。

加拿大的航空对托运物品的要求很严格，对包装物审查也很严格。当地出产的山地车即使采用木箱包装，也无法通过客机托运回去，需要改签为专用的货运飞机，货运飞机还很可能抽检和转运，会晚几天到达并需要托运者自行去机场取货，十分麻烦，而且运费很贵。液体物品申请航空托运也需要经过严格的检查，药品托运还需要携带购买药品的证明，部分保健品需要在药店出售。酒类、烟草、奶粉都需要使用购物证明才可以托运上飞机。加拿大的礼品商店很少，很多人选择购买一些具有印第安特色的小商品用于送人。

值得注意的是，冬季去加拿大，如果佩戴眼镜的朋友最好多准备一副眼镜。因为这里气候寒冷，眼镜容易破裂，一旦破碎，维修和重配都非常麻烦（眼镜属于特殊商品，需要凭处方才能购买），取货周期很长。如果佩戴隐形眼镜，最好随身带一个10毫升左右的药水瓶，超过10毫升的药水需要托运才能上飞机。冬季出行，还需要准备防风镜、保湿霜和随身取暖设备。

巴西

特色商品

NO.1

彩色宝石

在巴西值得购买的东西就是宝石。巴西的宝石种类繁多，有紫水晶、蛋白石、黄玉等，全球超过一半的彩色宝石都产于巴西。洋水晶、Carla Amorim，Vivara 等品牌的宝石制品造型奇特，十分美丽。因为出产世界上 65% 的宝石，所以在巴西选购宝石可以随心所欲，淘到自己最喜爱的品牌。

购买地点 Shopping Leblon，Avenida Afrânio de Melo Franco，290-Leblon，Rio de Janeiro-RJ，22430-060，Botafogo.

联系电话 0055-21-24305122

网　址 http://www.shoppingleblon.com.br

LEE

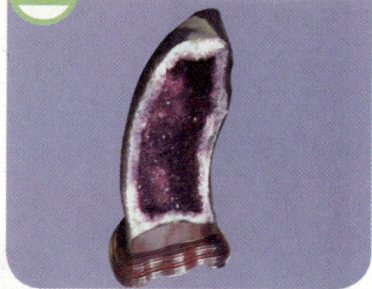

Carla Amorim

Carla Amorim

NO.2
皮 件

巴西是世界上唯一研究皮革舒适程度的国家，皮革成品和半成品的数量都很大，巴西的皮革使用起来很贴手，皮革普遍制作成软皮，款式多以保持皮革原来的模样为主。因此，这也让巴西的皮革远销世界各地。

购买地点 Rio Sul Shopping Center, Rua Lauro Sodré, 446–Botafogo, Rio de Janeiro–RJ, 22290–160, Botafogo.

联系电话 0055–21–21228070

网 址 http://www.riosul.com.br

蓝山

NO.3
咖 啡

巴西是咖啡的王国，也是现在世界上最大的咖啡生产国，最著名的品牌是罗百氏特和波旁咖啡。咖啡对于巴西是一个地道的"舶来品"，最初生长在阿拉伯，现在巴西有各种各样的咖啡出售。不仅包装大小不同的咖啡豆很多，而且各种咖啡制作的粉末、糖果等应有尽有，让人目不暇接。街边上的小店中各种新鲜的咖啡豆更是不可胜数，让人在每一个细节处都感受着巴西人对咖啡的热爱。

购买地点 Rio Sul Shopping Center, Rua Lauro Sodré, 446—Botafogo, Rio de Janeiro–RJ, 22290–160, Botafogo.

联系电话 0055–21–21228070

网 址 http://www.riosul.com.br

罗百氏特

NO.4
蜂胶

巴西因为有庞大的热带雨林，这里生活着各种各样的小昆虫，蜜蜂在这里繁殖得很快，蜂蜜质量好，而且这里的加工工艺很发达，蜂糖采集后可以加工成肥皂、生物制剂、糖果和胶囊，因此备受游客喜爱。蜂胶对保持身体的健康状态，维持注意力，保护眼睛都有好处。著名的巴西蜂胶有野花、保莱塔、砝码药等品牌。

购买地点 Rio Sul, Rua Lauro Muller, 1161 subso lo, Botafogo.

野花

保莱塔

大嘴鸟饰品

面具

木雕

大嘴鸟挂件

NO.5
手工艺品

当地很多小商小贩会兜售各种手工艺品，但是最出色的还是当地的大嘴鸟制作的各种款式的摆件，特别是红木摆件。一些当地的面具和米雕很出色，当地艺术家手绘的陶瓷品和挂件也很受欢迎。

购买地点 Shopping da Gavea, Rua Marquês de São Vicente, 52G ávea, Rio de Janeiro – RJ, 22451–040, Botafogo.

巴西有很多美味，最具特色的就是巴西烤肉，刷过酱汁的鲜肉在火上翻动，看起来色泽美丽，香气扑鼻，你可以在巴西任何一家餐厅吃到这些美味的烤肉。椰奶虾、炸鸡肉包等都是不容错过的美味，里约热内卢不少餐厅都有卖。

扫货地点

NO.1 里约苏尔（Rio Sul）

里约苏尔是里约热内卢中一个特别巨大的商业中心，靠近海岸线，周围风景很优美，通过一条长长的隧道与商圈相连。里约苏尔一共有6层，1~5层都是卖场，出售各种服装、鞋类、皮包、化妆品，间或的在其中夹杂着咖啡屋和电影院，可以满足你的各种购物需要，也是放松聚会的好场所。这里各种各样的商品都很丰富，大部分商品都来自海外，也有本土商品出售。6楼有停车场和楼顶咖啡茶座。

地　址 Rio Sul，Rua Lauro Muller，1161 Subso Lo，Botafogo.

交　通 乘坐前往 Botafogo 街的公交车，经过通往海边的隧道时，就能看到隧道旁边的里约苏尔购物中心。

营业时间 周一至周六 10：00—22：00，周日 12：00—22：00。

联系电话 0055-21-35277256

网　址 http：//www.riosul.com.br

扫货攻略 里约苏尔商业中心临海，风景十分优美，卖场的部分地方可以看到海岸线。去这里购物需要经过一条很长的隧道，6层和屋顶是停车场，开车前往很方便，购物后可以直接将物品用推车推到车库。

NO.2 Shopping da Gavea

Shopping da Gavea 是里约热内卢一家综合性的商场，除了出售传统的服装和鞋帽之外，还有各种各样的小工艺品出售，如果你细心挑选的话一定会有不俗的收获。商场的购物区显得很宽大，光线好，视线开阔，有一个很大的工艺品区，各种家居用具和手工艺品融合了原住民和现代特色，气势恢宏，英气逼人。

地　址 Rua Marquês de São Vicente，52Gávea，Rio de Janeiro-RJ，22451-040，Botafogo.

交　通 乘坐前往 Rua Marquês de São Vicente 街的公交车，到达后看路标即可。Shopping da Gavea 的标志十分明显。

联系电话 0055-21-22941096

网　址 http：//www.shoppingdagavea.com.br

扫货攻略 Shopping da Gavea 是以特色工艺品为代表的店铺，需要自己去挑选货物。巴西的国鸟大嘴鸟做成的各种雕塑也在这里，还有一些具有民族风情的面具。猎手穿过的服装也是这里的特色，一定要多选几件回去。

NO.3 二十五街

圣 保罗市二十五街是当地著名的华人街，出售各种各样的小商品，被戏称为"巴西的唐人街"。这里出售烟草、小工艺品、宝石、廉价首饰、古董、皮草和木雕制品等，当地钱币、银币和纪念邮票也很出名。圣保罗是巴西最大的城市，也是最大的咖啡产区，满街出售的咖啡品种格外多，在你购物的同时还能闻到馥郁的咖啡香气，让你充分享受购物的快乐。

地　址 25 Street, Sao Paulo, Brazil.

扫货攻略 二十五街位于圣保罗市的交通要道上，乘坐地铁1号线（蓝色）或2号线（绿色）到二十五街站出站即可。车站内有行车地图。不推荐乘坐公交车前往，圣保罗市公交拥堵，没有报站服务，语言不通的游客找目的地比较困难。

扫货秘籍

巴 西当地人十分热情，大街上有很多小商小贩兜售各种首饰，但最好不要在路边购买，容易被敲诈。因为巴西治安比较差，被讹诈和人身伤害的事情经常会发生，出行最好结伴，不要携带大量现金，女性最好不要单独出行，也不要搭理主动搭讪的人，远离主动提包并献殷勤的人。

巴西航空对出入境的申报十分严格，需要出示免疫证明才能够入关，黄热病的疫苗是需要提前10天注射才能够通过检疫。最好不要在巴西境内购买奢侈品，因为机场对购买奢侈品的客户收取高额税收，并且需要经过多次检查才能出入境。购买的物品也需要严格申报，特别是昂贵的彩色宝石，一定要保留好发票以备检查。

巴西航空允许300美元的免税商品，但是酒类需要提前申报，只允许乘客携带一瓶葡萄酒和一瓶烈酒并提前办理托运手续。如果你购买的酒品很多，可以将酒类分放在同行的旅客身上，携带酒类没有男女性的限制，但携带者年龄不得低于18岁，所以切不可将酒类放在随行的儿童行李中。

机场海关人员会对"没有贵重物品"的旅客进行抽检，对肉类食品、植物、水果等食物检查很严格，由于巴西境内蚊子很多，最好随身携带固体防蚊剂。另外，巴西经常下雨，需要准备踩水拖鞋和雨伞。在安检的时候，需要将上述的物品装进透明口袋里。

阿根廷

特色商品

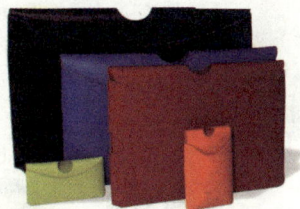

NO.1

皮革制品

阿 根廷是畜牧大国，牛皮和羊皮皮具都很出名，特别是用羊皮制作的手包和皮鞋，不仅质量上乘，做工精美，而且价格比欧美等发达国家要低很多。CasaLópez，COTO 都是阿根廷顶级的皮革品牌。

购买地点 Parque Rivadavia, 4900 Rivadavia Av, Buenos Aires, Argentina.

公仔

陶器

Mates $20

NO.2

特色工艺品

阿 根廷本来是西班牙的殖民地，当地人受教育程度相对较低，很多人从事手工艺人的工作，所以当地的手工制造业十分发达，民族工艺品特色十分鲜明。金属摆件、椰壳玩具、皮革画、金属刀具、木雕等，都是充满浓郁地方特色的手工艺品。红纹石也是特色产品，制作出来的首饰在阿根廷备受人们喜爱。

购买地点 Flea Market Mercado de Pulgas，Alvarez Thomas 71，Buenos Aires，Argentina.

红纹石

NO.3

足球纪念品

阿 根廷是足球的国度，对足球的热爱十分狂热，足球产业链十分发达，与足球相关的纪念品种类十分丰富，如足球玩偶、徽章、钥匙扣、背包、足球帽等。

购买地点 Paseo Alcorta，Salguero 3172，Buenos Aires，Argentina.

联系电话 0054-011-57776500

徽章

钥匙扣

公仔

球衣

球帽

NO.4

马黛茶

马黛茶又叫"耶稣会茶""传教士的茶",原料为马黛树的叶子。马黛茶与茶和咖啡并称为"世界三大茶",因为含有将近200种活性物质而被戏称为"仙草"。La Merced 是阿根廷最著名的马黛茶品牌。

购买地点 Flea Market Mercado de Pulgas, Alvarez Thomas 71, Buenos Aires, Argentina.

阿根廷菜注重菜肴的鲜嫩,味道偏辣,恩帕纳达斯饼、马黛茶、牛肋骨扒、鸡肉馅饼、烤制羊肉等都是阿根廷常见的美食,可以在布宜诺斯艾利斯的太平洋拱廊周围的小餐馆、巴勒莫区的 Cantina Chinatown 餐厅和蔷薇餐厅品尝。

扫货地点

NO.1 佛罗里达步行街

佛罗里达步行街是布宜诺斯艾利斯最著名的购物区，其在阿根廷的地位相当于美国的第五大道和法国的香榭丽舍。佛罗里达步行街大约有近 100 年历史，长约 1.5 公里，街道两旁鳞次栉比全是商店商场、服装店、书店、家具店……在这里你可以看到来自世界各地的时尚品牌。此外，街上还有不少摆地摊的，售卖的物品以传统工艺品和廉价服装为主。

地　址 Florida Street, Buenos Aires, Argentina.

交　通 布宜诺斯艾利斯市区有 6 条地铁线，几乎都可以到达位于市中心佛罗里达步行街。经过的公交车较多，但市区公交线路混乱，晚点的情况很多，并且还需要投币（一般上车为 1.1 比索），不建议第一次到此的乘客乘坐。

NO.2 太平洋拱廊

太平洋拱廊是阿根廷首都布宜诺斯艾利斯著名的购物中心，位于佛罗里达步行街的路口，购物中心汇集了很多的高档商场，出售高级时装、鞋类、皮具和珠宝，是最集中的奢侈品集散地。阿根廷本地出产的皮具也在这里销售，皮具的款式极多，质量上乘，部分品牌可以议价。即使是阿根廷的本土皮革用具，设计师也往往是来自纽约或者巴黎的顶级设计师，所以本地皮具也具有浓郁的"大牌风"，十分精致。

地　址 Galerias Pacifico, Av Cordoba & Florida, Buenos Aires, Argentina.

联系电话 0054-11-55555510

NO.3 Flea Market Mercado de Pulgas

Flea Market Mercado de Pulgas 是布宜诺斯艾利斯的一个综合性购物场所，出售各种各样的手工艺品，当地人喜欢的各种小皮具也在其中。这些比较小的随身皮具，做工精美，便于携带，当地人用来装眼镜、笔、烟丝和各种化妆品，有的可以直接用做装饰。爱美的女孩子会将这些小皮具涂上美丽的色彩，挂在腰间，享受着各种美丽的色彩。

地　址 Flea Market Mercado de Pulgas，Alvarez Thomas 71，Buenos Aires，Argentina.

交　通 乘坐公共交通到 Alvarez Thomas 71 处即可，市场很大，出门就可以看见市场的标记，也可以乘坐地铁前往。

NO.4 Paseo Alcorta

布宜诺斯艾利斯的 Paseo Alcorta 商场可以议价，有很多当地的特色工艺品出售，如笔筒、收纳盒、各种装饰品等，也出售围巾、包袋、发饰、首饰等商品，手工工艺品多用皮革制作而成，做工很精美，可以按照客户的要求来量身定做。

地　址 Paseo Alcorta，Salguero 3172，Buenos Aires，Argentina.

交　通 乘坐公共交通到 Salguero 3172 处下车即可。Paseo Alcorta 商店店外有英文标志，如果找不到也可以向警察或者询问处打听。

扫货秘籍

阿根廷的主要语言为西班牙语，部分人懂英语，如果你能够用英语和小贩讲价，一定能够省下不少钱。晚上很多小商贩兜售各种小工艺品或皮革制品，不妨选购一些，但不要买当地人推销的宝石。阿根廷治安混乱，不能大量使用现金，女性不要单独外出购物。

如果你不熟悉道路，也没有跟着旅行团出行，最好的办法就是选择出租车出门（旅店可以帮你叫出租车来接你，在较大的商场购物后也可以帮你叫出租车）。购买商品后需要使用发票，如果使用航空免费托运的行李不要超过 35 公斤，液体物品的托运需要根据相关规定，生鲜不能托运，如果想购买牛肉或者海产品，需要购买干燥并压缩包装后的商品，商品需要贴有检疫通过的标签。

基本上所有没有约定或者标注的商场都不议价，但是有的手工艺品是可以讲价的，组团价格会更加优惠一些，不过总的说来降价幅度都不大。这里大部分商品都明码标价，但是要注意看货币，约定俗成是美元标价，但很多小店会用其他货币标价。

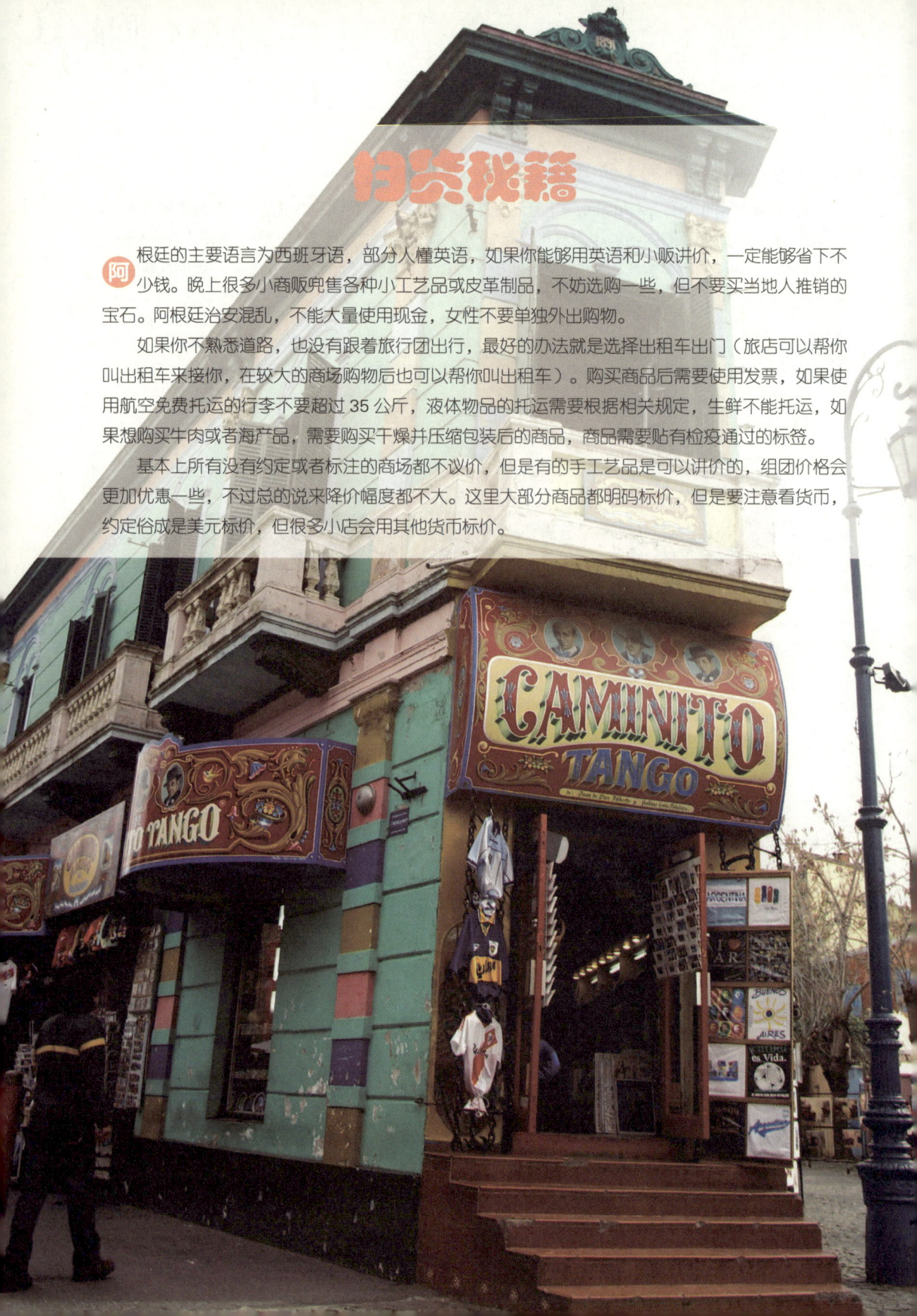

数千年的文明史让尼罗河畔的埃及处处弥漫着古老与传统，
在开罗的汗·哈利利市场和金老鹰香精宫，
你能买到最称心如意的金银首饰和最摄人心魄的香料。
而钻石之国南非则终年沐浴在现代与时尚的阳光之下，
在开普敦，
不管是长街还是维多利亚码头购物中心，
珠宝和国际顶级品牌都能轻松满足你的购物欲。

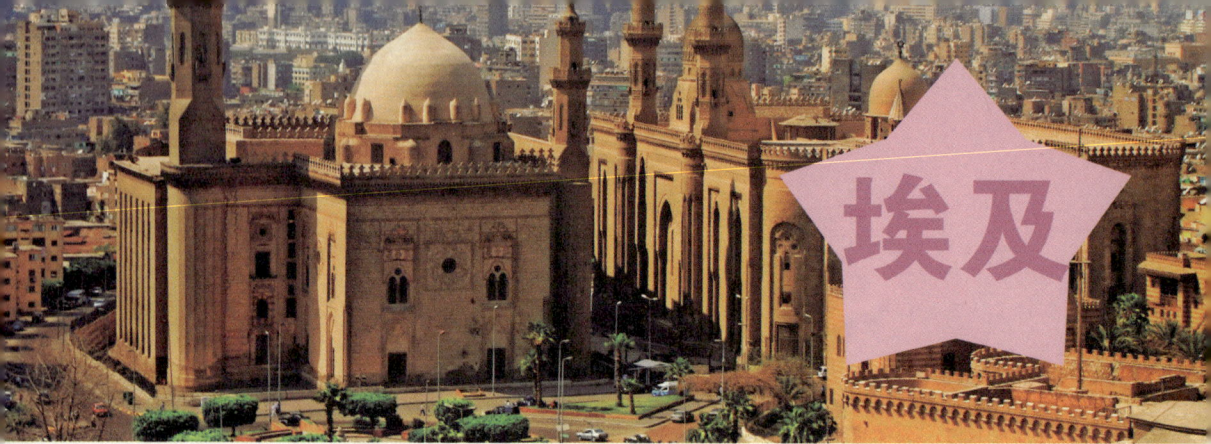

埃及

特色商品

茉莉

NO.1

香水、香精、香料

埃 及是香料的世界，香料提纯后可以制作成各种味道的香水和香精。埃及的香料提纯技术居于世界前列，可以提成各种花果香、原香、木香等香味，也有提纯后的香味剂出售。粉状香料需要放置在专用的盒子内携带，而液体香精包装较大，购买时需要考虑托运问题。埃及半成品香料和香精是提取顶级香水的重要原材料。Chanel，Dior 等知名品牌的香水均用埃及香料进行加工。奥蔓是埃及著名的精油品牌。

购买地点 Golden Eagle Perfume Palace，Desert Rd，Cairo.

玫瑰

天竺葵

天竺葵

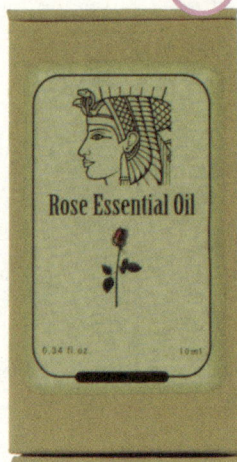

NO.2

黄金首饰

埃 及人喜欢黄金，男男女女都会佩戴各种各样的黄金饰品，在埃
及人眼里，佩戴货真价实的黄金制品是诚信的象征。如果连黄
金首饰都不戴，那这个人就不值得信任，和他做生意也一定要小心
谨慎。黄金首饰也是赠送朋友的好礼物。这里的黄金产业极其发达，
首饰的款式也非常多，你完全可以在这里尽情享受选购黄金首饰的
乐趣！

购买地点 Citystars Centre，Sharia Omar ibn Khattab Nasr City，Cairo.

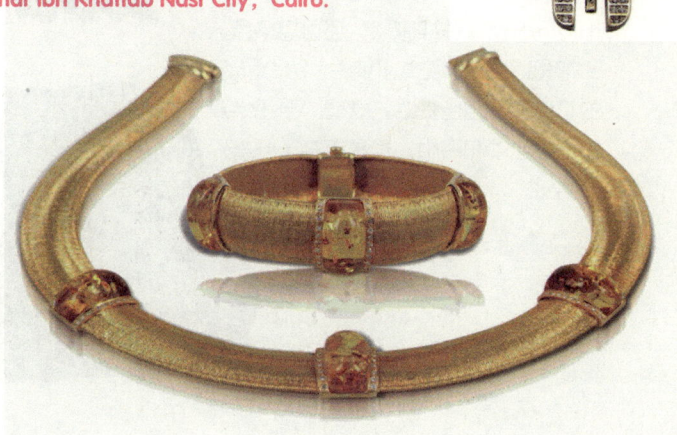

NO.3

金属器皿

埃 及人很喜欢金属器皿，以银器和铜器为最佳。银器主要用于制作餐具，在
家庭聚会中往往使用银制餐具来招待客人，而当地用银子制作成的咖啡壶、
花瓶、储物盒等款式很多。埃及人使用铜器的历史十分悠久，铜器可以制作成
酒具和餐具，也能够制作成一些装饰摆件，但是产量最大的铜器还是铜盘。

购买地点 Khan el-Khalili，Al Gamaleyah，Qesm Gamaleyah，Cairo
Governorate，Cairo.

NO.4
棉毛制品

埃 及出产各种色彩艳丽、质量上乘的棉布，用纯棉布制作的各种服装也备受游客欢迎。这些美丽的连衣裙看似简单，比较宽松，却能够很好地突出女性的曲线，显示出一种婉约的美丽。这里的驼毛质量上乘，半成品驼毛可以用来加工面料。驼毛制作的服装保暖性强，也可以制作成各种款式，还可以染色、印花和镶嵌各种花边和珠片，所以成品的驼毛服装也备受游客欢迎。至于埃及的传统毛巾和浴巾，也是游客十分喜爱的商品。

购买地点 Khan el-Khalili, Al Gamaleyah, Qesm Gamaleyah, Cairo Governorate, Cairo.

连衣裙

连衣裙

布料

NO.5
地毯、挂毯

埃 及人的房间里习惯铺着地毯，长久流传下来的习惯使得埃及的地毯工业十分发达，不仅有各种机器编织的地毯，而且有很多用纯手工制作的地毯。有的地毯很薄，可以折叠起来，加入了一些丝线，有的地毯很厚，是用很长的羊毛制作成的。埃及地毯多用编织和提花工艺，很多会以法老或者金字塔的形象编织成图案出售。挂毯也是卧室和客厅必备的装饰，如果墙面上看起来很空，就会显得这家人待客没有诚意，在高档的酒店和餐厅往往装饰着精美的挂毯。

购买地点 Khan el-Khalili, Al Gamaleyah, Qesm Gamaleyah, Cairo Governorate, Cairo.

挂毯

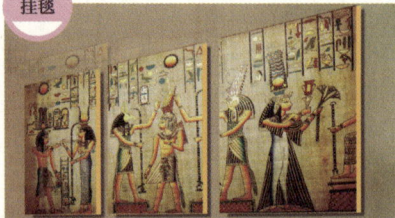

地毯

雪花石
手链

NO.6

传统工艺品

埃 及有很多传统的工艺品，如纸莎草纸画、雪花石手链、水烟袋或者香水瓶等。埃及的纸莎草纸往往被装进镜框里出售，带有浓郁的古埃及风味；雪花石手链黑白相间的花色也让人爱不释手；水烟和水烟袋是这里的男性居民必不可少的消遣品。水烟袋够大够壮观，不过这种好东西属于私人用具不能借用，需要自行购买并品尝烟叶的美味。此外，香水瓶也是当地著名的特色产品。

水烟袋

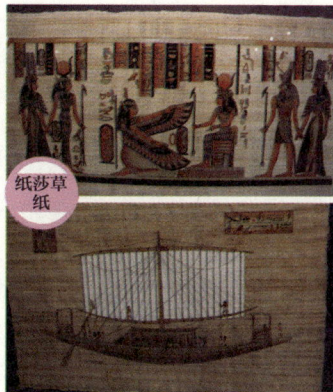

纸莎草纸

购买地点 Khan el-Khalili, Al Gamaleyah, Qesm Gamaleyah, Cairo Governorate, Cairo.

NO.7

椰 枣

埃 及的椰枣享誉世界，口味甘甜，味道鲜美，富含多种维生素。成品椰枣都经过了脱水处理，可以加工成压缩枣、枣干、枣片、枣糖，也可以酿造成酒类，是游客十分喜爱的食品，新鲜的椰枣更是不容错过的美味。埃及大部分的土地都是沙漠，蔬菜和水果比较缺乏，埃及人常常用椰枣来补充身体需要的维生素和果酸。

购买地点 Khan el-Khalili, Al Gamaleyah, Qesm Gamaleyah, Cairo Governorate, Cairo.

埃及有很多美食，阿拉伯特色菜享誉世界。阿拉伯大饼、烤羊肉、螃蟹汤、烤鸽子、烤谢利、酥嫩全羊、锦葵汤、盖麦尔丁等都是埃及的特色美味，可以在亚历山大市海滨大道上的 Fish Market 餐厅、亚历山大市中心的索菲特餐厅和开罗市中心的 Abou el-Sid 餐厅品尝。

扫货地点

NO.1 汗·哈利利市场

汗 ·哈利利大市场是开罗自由贸易市场的老大哥，其历史可以追溯到公元前 14 世纪。最初的商品销售都是流动的，现在，哈利利市场早已形成了坐摊生意，商场内的各种特色商品应有尽有，让人目不暇接。这里不仅有珠宝、黄金和白银制品出售，而且有布料、服装和各种食品，精致的铜器和纸莎草画琳琅满目。从这里，你可以最直观地了解到埃及的市井生活和远古文明，在商品的海洋里不仅能够感受到购物的乐趣，而且能够感受到历史慷慨的馈赠。

地 址	Khan el-Khalili，Al Gamaleyah，Qesm Gamaleyah，Cairo Governorate，Cairo.
交 通	从火车站乘坐前往艾资哈尔清真寺的小巴，到清真寺下车即可，清真寺就在市场对面。
扫货技巧	市场的道路较为狭窄，挤满了小店铺，很多商家将货物摆在街面上，过街道时一定要小心。这里商品往往报价很高，购物时一定要讲价。此外，在交易之前一定要和店主确定好是使用埃镑还是美元，如果不确定好，会吃亏。

NO.2 圣斯特凡诺购物中心

圣 斯特凡诺购物中心是亚历山大市最高档的购物场所，这里出售各种奢侈品，如眼镜、珠宝、服装、皮鞋，数码用具和汽车用具等，这里的购物环境很舒适，但是商品的价格并没有什么特别的优势。当地的消费者更喜欢在这里购买高档商品，而游客更喜欢在这里附设的小店淘宝。当地的特色手工艺品或香水更加吸引他们，而部分小店的装饰一直采用古老的法老或者传统的花纹背景做室内装饰，让游客有"穿越"的感觉。

地 址	San Stefano Grand Plaza El-Gaish Rd，Alexandria Governorate，Alexander.
交 通	乘巴士或小巴到 Alexandria Governorate 路即可。
营业时间	10：00—21：00
联系电话	0020-3-4690310
扫货技巧	当地的旅游指南上有一些介绍小店的信息，在公共交通场所发放时要免费收集，圈定自己需要去的主题小店。有的小店会在店门上标注不讲价，如果你觉得价格不合适，可以用换赠品或者加分量的形式来增加你的收益，但是不能再讨价还价，否则店主会很不高兴。

NO.3 城市之星

城 市之星是开罗最大也是唯一的一家大型购物商场，出售的是来自欧美的各大品牌的商品，但是因为售价并不优惠，所以很少有外地人会选择在这里购物。这里出售各种品牌的服装和包具，还有一些数码用具出售，但价格并不便宜。城市之星内有一些小礼品店和小精品店，出售具有埃及特色的小商品和小礼物，让人爱不释手，城市之星内设有电影院和餐厅，客人一直很拥挤。

地 址 Citystars Centre，Sharia Omar ibn Khattab Nasr City，Cairo.

交 通 开罗市内的交通主要是的士、公交车和小巴，但是因为此地车辆很不准时，且城市没有红绿灯，外地游客最好搭乘小巴或者的士，这里过马路是聚一拨人一起过。

营业时间 11：00—23：00，全年无休。

扫货技巧 城市之星的奢侈品来自于世界各地，相对而言，价格上没什么优惠，但是当地特色的商品品种非常齐全，特别是其中的几个特色小店出售的皮革品和小手工艺品十分美丽，价格也很实惠，可以让你体会到身在商品旋涡中的感觉。

NO.4 金老鹰香精宫

G olden Eagle Perfume Palace 是开罗备受游客喜爱的香料店，出售各种各样的香料、香精、原材料和香水瓶，精美的瓶装香水也很出色。这里的主要商品就是香精，包括成品香精和各种配料，同时也出售与香精配套的调制原料。店内的香精制作全程采用手工，没有任何机械化的使用和操作，经过几次过滤和萃取而成。如果你有足够的兴趣和耐心，甚至可以亲自体验做手工香水的乐趣。不仅如此，这个以埃及古老的图案作为装饰背景的香水店，也是你拍照的好地方！

地 址 Golden Eagle Perfume Palace，Desert Rd，Cairo.

交 通 乘坐巴士或者小巴到 Desert Rd 路，很远就可以看到 Golden Eagle Perfume Palace 的招牌。

营业时间 9：00—21：00

扫货技巧 店内香料很多，在很远的地方就可以闻到特殊的香气，如果你习惯几种香味，就一定要先闻自己习惯的香味，或者听店主的推荐再闻香。不要一次性吸入太多的香气，否则很难区分哪些香味你比较喜欢，个别人闻到过多的香味会觉得头晕。香水最好是能够装在店主出售的香水瓶中（购买之前，请自己去小摊上买几个小的亚麻布袋子装香水瓶），包装需要额外收费。

扫货秘籍

埃 及有固定的打折季，每年的2—3月和8—9月都是固定的打折季节，各大品牌的商品都会有不小的折扣。如果你有幸在打折季前往埃及，一定不要错过血拼的好机会。但本地商品却不一样，很少有这么大的折扣，能够讲下来的价钱很少，购买时一定要问清楚是埃及币还是美元。

在街上购物一定不要去招惹那些过来兜售商品的小商贩，他们会大声叫嚷1美元让你进店购买，进去后就会变价为50美元，所以最好什么都不买。平时最好准备好各种零钱，因为这里上厕所也可能要收费，还需要随时准备零钱以便付小费（人丹、风油精、白虎膏、红花油也是当地人喜欢的礼物）。埃及的现金主要使用埃及币，最好在机场兑换。去黑市换钱，汇率很不划算，很可能有假钞。

当地的水质不好，自来水不能饮用，饮水需要自己购买，矿泉水很便宜。景区的小偷很多，请一定看管好随身携带的物品。在埃及购物，每个城市除了一个主要的大商场外，别的商场都比较小，特色商品往往在集市上出售，所以最好去小店或者集市"淘宝"。

南非

特色商品

戴比尔斯

戴比尔斯

戴比尔斯

NO.1

钻石制品

南非钻石享誉世界，不仅纯度最高，且多面切割工艺也居世界前列。每天上新款、每周出新的系列产品已经成为这里的促销惯例。各种钻石的耳钉、耳环、戒指和项链让人目不暇接。De Beers，Taylorburton，迈克尔都是南非著名的钻石品牌。

购买地点 Victoria and Alfred Water Front, Cape Town 8001, South Africa.

泰勒伯顿

迈克尔

NO.2

黄金制品

南 非的黄金存储量约占世界黄金存储量的50%，不仅黄金的开采技术世界领先，而且黄金加工工艺也居于世界前列。数量庞大的黄金和款式极多的黄金首饰得到了游客的广泛认可。这里形成了以黄金为主的黄金产业链，黄金王国中的各种黄金制品让人目不暇接，流连忘返。

购买地点 Victoria and Alfred Water Front, Cape Town 8001, South Africa.

NO.3

鸵鸟皮制品

鸵 鸟皮制品是南非的特色，这些皮革经过深加工后，虽然保留了皮革最初的纹路，却有着独特的花纹，产品经久耐用，这使得鸵鸟皮在所有的皮革制品中都别具一格。因为鸵鸟皮革制品很常见，所以在一般的跳蚤市场上都能买到真品。

购买地点 Victoria Wharf Centre, Victoria, Cape Town 8001, South Africa.

NO.4

象牙制品

南 非的大象数量很多，大象制品的开
发也进入了新的阶段。大象皮可以
加工成各种精美的皮具，象牙经过多次
雕琢，可以制作成手链、脚链、头饰和
项链等首饰盒、杂物盒和各种摆件都是
游客喜爱的产品，象骨也可以制作成精
美的手工艺品。

购买地点 Victoria Wharf Centre， Victoria, Cape Town 8001， South Africa.

NO.5

木 雕

南 非的木雕多采用优质的红木雕刻，这项手艺已经传承
了上千年。因为气候炎热，古老的木雕作品没有能
够保留下来，但是当地人对木雕手艺十分喜爱。这些来
自非洲原汁原味的木雕作品，多采用简单的粗线条造型
和原木的本色制作，看起来具有粗犷的美丽。

购买地点 Green Market Square,
38 Shortmarket Street,
Cape Town 8000,
South Africa.

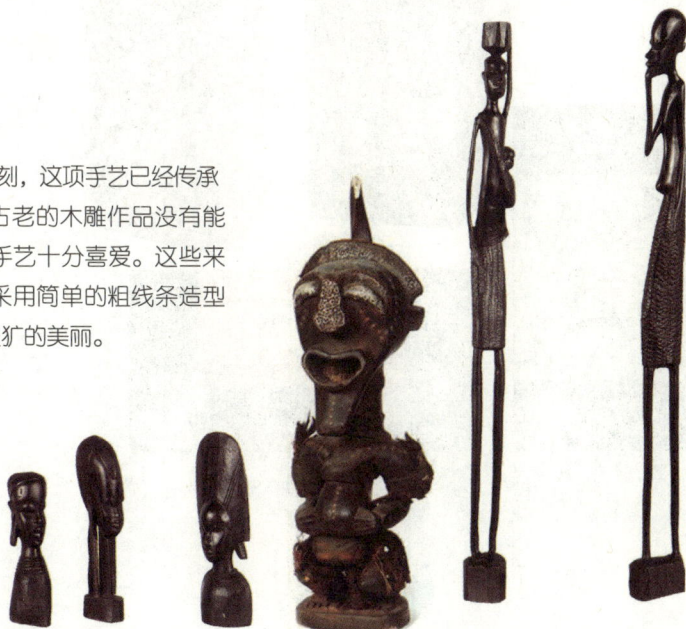

NO.6

芦荟护肤品

南 非的芦荟制品名气不小，采集后的芦荟可以加工成芦荟肥皂、芦荟润肤霜、芦荟胶等，具有保护皮肤、延缓衰老的功效，对祛除皮肤瘢痕和污点效果也很好。Aloe Mastercare 是南非最为出名的芦荟护肤品品牌。

购买地点 Victoria Wharf Centre，Victoria, Cape Town 8001， South Africa.

NO.7

路依保斯茶

路 依保斯茶的茶叶生长在一种红色的灌木上，因为该品种的灌木对气候要求高，因此茶叶产量很少，每年仅产1 万吨左右。路依保斯茶富含多种维生素和矿物质，被誉为"养生佳品"，冲泡后味道甘甜纯美，是南非人最喜欢的草本植物饮料。

购买地点 Green Market Square，38 Shortmarket Street, Cape Town 8000， South Africa.

NO.8

葡萄酒

南非的气候很适宜葡萄生长，南非的葡萄糖分很重，酿造成酒以后味道甘甜纯正，是世界上顶级的六大葡萄酒产区之一。猎豹酒庄（Leopard's Leap）、克莱坦亚酒庄（Klein Constantia）、美蕾酒庄（Meerlust Estate）、格兰卡洛酒庄（Glen Carlou Estate）、好望角酒庄（Fleur du Cap Wines）、赛蒂家族酒庄（The Sadie Family）等都是南非著名的葡萄酒品牌。

购买地点 Green Market Square，38 Shortmarket Street, Cape Town 8000, South Africa.

猎豹酒庄

克莱弹压酒庄

美蕾酒庄

格兰卡洛酒庄

好望角酒庄

NO.9

大象奶酒（阿妈乳啦酒）

南非出产的阿妈乳啦酒，由大象的奶汁提炼而成，味道很纯，色彩透明，酒味十足，有一种独特的奶香。大象奶酒产量较少，如果有机会品尝一定不要错过。

购买地点 Nelson Mandela Square，1st Floor Medical Mews，Cnr Rivonia Road and 5th Street，Sandton，South Africa.

南非的美食极多，鲍鱼、小龙虾、五花牛肉、珍珠鸡、鳄鱼肉都是亚洲人喜爱的美味。风干牛肉加入辣椒和香菜后味道绝佳，卡鲁小羔羊烹制后带有特殊的香气。在维多利亚阿尔弗雷德码头广场的卢蒂斯餐馆，博卡普区的马可非洲餐馆，开普敦大西洋餐厅以及约翰内斯堡 Nelson Mandela Squar 购物区都能享用到这些美味。

扫货地点

NO.1 长街

开 普敦繁华的长街上，各种商业中心林立，不仅高级百货公司前人来人往，精品小店和特色小店也都生意兴隆。开普敦最大的购物中心 Water Front 也在这里，各种新款服装、皮鞋和化妆品让你目不暇接。长街上还有很多出售黄金和钻石的珠宝店，各种新款上市的宣传活动和成熟款式的打折活动都很多。

地　址 Victoria and Alfred Water Front， Cape Town 8001, South Africa.

交　通 乘坐公共巴士到 Cape Town 8001 下车，随人流走即可。

扫货技巧 建议优先购买黄金和钻石，因为这两样商品比较轻便，而且价值很高，购买后随身携带，黄金项链最好戴在脖子上并用衣服的领子遮住，然后再继续挑选服装和鞋类等商品。

NO.2 维多利亚码头购物中心

开 普敦维多利亚码头是一个繁华的商业中心，百货公司、购物商场、古董店和艺术画廊密布其中。购物中心还有银行、咖啡馆、美食店、电影院和游泳池。黄金展示厅和钻石展示厅总是人数最密集的地方，几乎每天都有新款，如果预算充足，不妨购买一两件。

地　址 Victoria Wharf Centre， Victoria， Cape Town 8001, South Africa.

交　通 乘坐公共巴士到 Cape Town 8001 区的 Victoria 码头下车，随人流走即可。

联系电话 0027-21-4194300

扫货技巧 维多利亚码头有很多来自世界各地的商品，本土产品很丰富。很多商店都代办托运手续，你可以放心地购买酒类或者液体化妆品，服务员会为你办好所有的手续，登机前去签字即可。

NO.3 绿市广场

绿 市广场是生意十分兴隆的跳蚤市场，出售的商品数量和款式都很多，从服装到鞋帽，从装饰品到地毯，从各种珠宝到手工艺品，古董、二手货等各种商品应有尽有，你可以尽情享受到淘宝的乐趣。这里的所有商品都可以议价，部分摊位的新旧商品放在一起，需要你好好地鉴别！

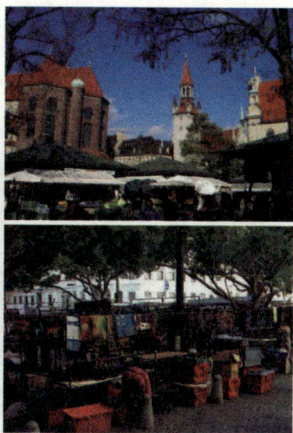

地　址 Green Market Square, 38 Shortmarket Street, Cape Town 8000, South Africa.

交　通 乘坐公共巴士到Cape Town 8000街区下车，38 Shortmarket Street街道的标志十分明显，随人流走即可。

扫货技巧 广场很大，是一个极其繁杂的露天市场，有黑人在广场内表演（需要付小费才能观看）。购物需要随时准备好零钱，一则大票找零可能有收到假钞的风险，其次是很多地方需要支付小费，小费在这里被视为合法收入。

NO.4 Nelson Mandela Squar

约 翰内斯堡的 Nelson Mandela Squar，是当地人最爱去的购物区，不仅出售各种奢侈品和生活用具，也出售当地的手工艺品、装饰品，各种各样的黄金店铺和钻石店铺应有尽有。这里不仅有豪华的百货公司和装修精美的专卖店，也有兜售自己小商品的露天小贩。街区的绿化特别好，调皮的小松鼠会向你索要食物，不要忘记给它们留一点面包。

地　址 Nelson Mandela Square, 1st Floor Medical Mews, Cnr Rivonia Road and 5th Street, Sandton, South Africa.

交　通 乘坐公共巴士到 Cnr Rivonia Road and 5th Street，出站后有路标。

联系电话 0027-11-2176000

扫货技巧 这里各种百货公司很多，流动摊贩也很多，小贩推销的宝石不能购买，但推销手工艺品或者食物可以购买或者品尝。如果购买奢侈的珠宝或者钻石，一定要去正规的商场并索要发票。

扫货秘籍

㊟ 非消费税收很多，购物消费大部分商品都可以退税。但是购买商品是不能在购买的时候就享受优惠，购买商品时需要全额支付所有的钱，然后再办理退税手续（发票上会单独列出）。南非是一个税收很严格的国家，不管是在退税柜台还是在海关，都要支付一定的手续费，手续费因商品的品种不同会有一定的差异，一般在 2%~4%。

南非的发票每个项目都标注得十分准确，购买的每件商品都会标明税收，也可以在购买时粗略地算一下能够退多少钱。退税需要保留好每一张发票。另外，这里的退税标准是按照南非的货币即兰特币计算的，累计超过 250 兰特币就可享受退税待遇。需要在办完离境手续后才能享受此待遇。

值得注意的是，部分大商场会在收银台标明银联，说明可以使用银联卡，刷银联卡没有汇率损失，但是，如果换成美元则损失巨大，因此最好直接用银联卡。如果你剩下少量兰特币，最好能在机场买一点小礼物消费掉，否则出了南非就很难使用了（做纪念除外）。

第5章 Chapter5
大洋洲

温柔的大洋，

和煦的阳光和丰沛的牧场为大洋洲的子民带来丰厚的物产，

这里有全世界最好的羊毛、羊脂制品，

有最生猛的海鲜，

以及最独具特色的原住民工艺品。

在悉尼的皮特街，在维多利亚女皇大楼、情人港，

在奥克兰的维多利亚市场、皇后街，

你不仅能够买到想要的商品，

还能够大快朵颐。

澳大利亚

特色商品

NO.1

羊毛制品

澳大利亚是畜牧大国，得天独厚的天然草场养育了肥美的牛羊，羊毛产量大且质量上乘，保暖性好，经过加工的羊毛色泽温润，能够制作成羊毛地毯、羊毛毡、羊毛垫、羊毛围巾、羊毛衬衫、羊毛大衣等，精纺后的羊毛还可以制作成保暖衣、手套、袜子、内衣等羊毛制品。从绵羊腹部的毛提纯出来的羊绒，更是制作顶级羊毛制品必不可少的原材料。澳大利亚主要的羊毛品牌有火凤凰，美利奴，Yellow Earth，Wool Comfort等。

美利奴

购买地点 Woolworths-Sydney Metcenter, Cnr George & Margaret Streets Sydney, 2000, NSW.

联系电话 0061-2-80359236

Yellow Earth

Yellow Earth

Wool Comfort

NO.2

羊油制品

澳 洲绵羊油历史悠久，色泽黄白，呈半透明状，产量巨大，加工工艺先进。深加工的绵羊油晶莹透明，保湿性极好，可以制作成羊油原料和化学原料，也可以制作成肥皂、润肤霜、蜡烛等日用品。半成品的皮肤护理产品可以按照皮肤的基本条件为你量身定做。经过多次提纯后的羊油，还可以制作精华素和生物制剂。G&M，Godraw（谷戈），MeiMei(咪咪)等品牌是当地著名的羊油制成品品牌。

购买地点 Sydney，New South Wales，2000，Australia.

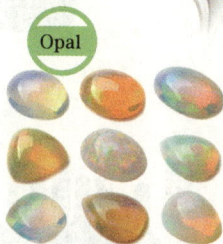

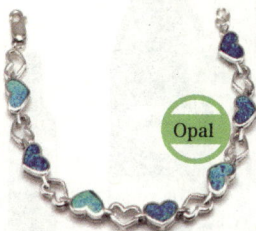

g&m

谷戈

GODRAW

MeiMei

MeiMei

NO.3

宝 石

澳 洲出产美丽的宝石，彩色宝石品种极多，如蛋白石、澳宝、蓝珀、蓝宝石等，用这些美丽的宝石制作出来的各种摆件、手链、项链，造型美观，形态富于变化，有的会和黄金、白银、珍珠、贝壳、羽毛等材料混搭在一起。这些宝石不仅造型美丽，还带有祈福的功效，很多人会选择买上好几件去赠送亲人和朋友，常见的品牌为 Opal 和 Katherine Jetter。

购买地点 455 George Street，Sydney，New SouthWales，Australia.

Katherine Jetter

Opal

Opal

Opal

Opal

Paspaley

NO.4

珍 珠

澳 大利亚是世界上最大的珍珠生产国，这里的海洋资源十分丰富，有着得天独厚的海水养殖条件，能够养殖各个品种的珠贝，天然珍珠也能在这里很好地生活。这里的珍珠光泽度很高，圆润个儿大，能够养殖彩色珍珠。珍珠的加工工艺也很发达，制作成的珍珠首饰和摆件款式极多，顶级珍珠品牌为Paspaley，已经有超过70年的制作历史，只在专卖店销售。

购买地点 455 George Street, Sydney, New SouthWales, Australia.

NO.5

葡萄酒

澳 大利亚是世界上六大葡萄酒产地之一，这里的葡萄因为生长在海洋性气候环境中而带有特殊风味，糖分少，水分多，口味清淡，酿造出来的葡萄酒色泽清亮，口感温和爽口，味道不那么冲。澳大利亚葡萄酒的品牌很多，常见的有 Jacob's Creek、Hovodeng、Brown Brothers、Yellow Tail、Redbank、林肯等品牌。

购买地点 Market City, 9-13 Hay St, Haymarket NSW 2000, Australia.

黄尾袋鼠

红河岸

布朗兄弟

杰卡斯

NO.6

鲨鱼丸

澳 大利亚拥有广阔的海域，这里气候条件良好，没有污染，鲨鱼在这片水域自由地穿行，鲨鱼肉质鲜美，体格健壮。鲨鱼浑身都是宝，利用鲨鱼制作的各种营养剂品种繁多，能够帮助人体调节小环境，提高免疫力，主要的品牌是 Careline 和 Natreas。

购买地点 DFO Homebush，3-5 Underwood Rd, Homebush NSW 2140，Australia.

联系电话 0061-02-97489800

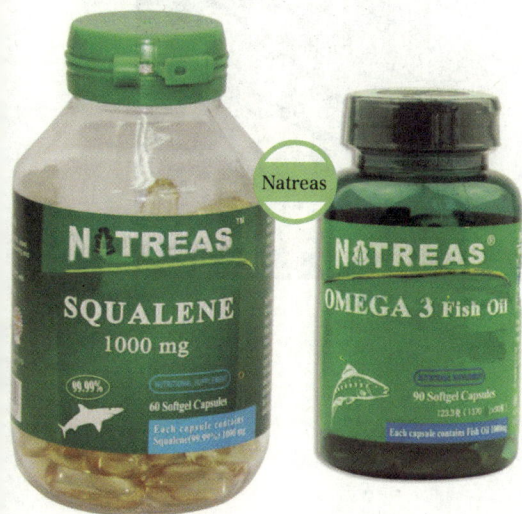

酱香羊肉、烤鲍鱼、大龙虾、蘑菇大餐、清蒸牡蛎、烤袋鼠肉等是澳大利亚的特色美食，在悉尼银行街鱼市、悉尼海滩的 Berowra Waters Inn 水上餐厅和墨尔本维多利亚女王市场都可以品尝到上述美味。

扫货地点

NO.1 皮特街购物中心 (Pitt Street Mall)

皮特街购物中心是悉尼购物的一张名片，购物区内各种富丽堂皇的商店云集，出售各种各样来自世界各地的高级商品。这里人来人往，充满欢声笑语。购物中心占据了帝皇街到市场街巨大的面积，其中有很多家顶级购物公司，超过 600 家大小专卖店，展示橱柜是一幅巨大的画面。这里出售的品牌包括 Glasshouse，Mid City Centre，Skygarden，David Jones 等，都是备受游客和当地人喜爱的顶级品牌。

地　址 位于悉尼市中心的皇帝街及市场街之间。

交　通 乘坐地铁在市政厅或者 StJames 站下车，出站后可以看见指示路牌，按照路牌的提示步行 10 分钟即可。此处为步行街，不允许车辆通行。公交路线为 M10，M20，M40，M50，461，480，483 到 Park Near Pitt St 处。

营业时间 周一至周五 9：00—17:00；周六至周日 10：00—16:00。

扫货技巧 皮特街的购物中心十分华丽，随处可以看到拱廊，步行街也很舒适。这里云集着来自世界各地的品牌，百货公司几乎都连在一起。最好是晚上前往，购物区的夜景十分美丽。部分百货公司有针对华人的服务，不用担心语言的问题，购物区内华人很多，你会很快熟悉购物环境。

NO.2 维多利亚女皇大楼 (Queen Victoria Building)

维 多利亚女皇大楼位于悉尼最繁华的市场街和乔治街交界处，已经挺立了上百年。维多利亚女皇大楼最初是一个农贸市场，出售瓦罐、绸布、皮鞋、鲜花和提供修鞋理发服务，后来又变为市政中心，30多年前得以改建后成为商场。维多利亚女皇大楼出售各种顶级的服装、皮鞋、包具、眼镜、珠宝和数码家居商品，而这有着玻璃屋顶和螺旋楼顶的复古式样的购物环境，也备受消费者的喜爱。

地 址 455 George Street, Sydney, New SouthWales, Australia.

交 通 乘坐地铁在市政厅或者 StJames 站下车，出站后可以看见指示路牌，按照路牌的提示步行 10 分钟即可。此处为步行街，不允许车辆通行。

营业时间 周一至周三、周五 9:00—18:00；周四 9:00—21:00；周六至周日 11:00—17:00。

扫货技巧 女皇大楼的购物环境很好，有很多五颜六色的窗户，大楼里的小店装修精致，有很多卖天然海水珍珠的小店，澳洲本土的 UGG 的店铺很吸引人的眼光，地下1层的炒货店出售现炒的坚果，有浓郁的果香和淡淡的甜味。大楼有免费 Wifi，不愿意陪逛的男士还可以在1楼喝咖啡。

NO.3 牛津街 (Oxford Street)

牛津街被誉为悉尼最别具一格的街道,拥有不少风格各异的小店,出售品牌服装、特色咖啡、葡萄酒和各种手工艺品,个性十足。这里的小店商品原创性强,充满了当地特色,同时也有很多年轻人喜爱的品牌,如 Collette Innigan, Akira Sogawa 等,都是百货公司找不到的特色单品,穿出去可以彰显个性,避免撞衫。值得一提的是,这里的二手货物交易也很兴旺,大约有 300 个露天摊位。

地 址 Oxford Street Paddington NSW 2021, Australia.

交 通 乘坐公共巴士到派丁顿(Paddington)地区,然后从海德公园的东南角处进入牛津街,街边有标记。整个邦迪海滩上都是开放的,可以顺着标记走过去。

NO.4 情人港 (Darling Harbor)

情人港是悉尼最适合情侣出行、培养感情的好地方。这里有 100 多家零售商店，出售花朵、首饰、皮具、艺术品和旅游纪念品，价钱低廉，商品个性强烈。路边还有很多小吃店，可以喝水也可以坐下来休息。这里的回力刀和手工皮革值得选购，消磨一天的时光也花不了多少钱，很适合有情趣但预算有限的年轻情侣！

| 地 址 | Darling Harbour，Wheat Rd. |

地 址 Darling Harbour，Wheat Rd.

交 通 从市政厅沿着 Market 街约 5 分钟可以走到情人港东部的岸边，沿着中国城沿德信街步行可以到南门海堤。

联系电话 0061-2-92408500

NO.5 伯克街购物中心

伯克街有很多店铺和百货商店，一路上都是古老的建筑，夹杂其中的是各种各样的特色小店，出售咖啡、服装和首饰，同时也出售各种各样的手工艺品。这里的街头充满了文化气息，有很多街头艺人在展示自己的技艺。另外，这里并不是步行街，电车从街道中间穿行而过，街景十分美丽，值得你去慢慢体会这些美丽的风景。

地 址 From Swanston Street to Xxhibition Street，Melbourne，Victoria，Australia.

交 通 乘坐有轨电车 57，59，86，95 路至 Bourke St 站下车，步行出站即可。

扫货秘籍

澳大利亚被称为"购物天堂"，这里的大型购物中心云集，名店街和跳蚤市场很多，但是贵重商品最好在正规的百货店购买，凭发票可以办理免税，也可以查到商品的进货渠道。大部分商店可以刷信用卡，也可以使用现金。如果不想兑换成当地货币，可以使用美元（找零为当地货币），但是最好使用支票或者信用卡。旅行支票需要与护照联合使用。去免税店购物需要持有护照和机票。

商店能够免掉哪些税收是有标注的，"Duty Free Shop"标志免掉海关税和消费税，"Tax Free"表示只免消费税。商品减价只能有折扣和送赠品，没有议价的说法。购物后需要保留商品发票，提前办理退税手续，但是退换的现金不超过 200 澳元（退税起点为 300 澳元）。开机前半个小时禁止办理退税，无法邮寄退税。办理周期为 30 天。

澳大利亚的托运是按照重量和距离计算的，价格会在办理手续时一次性结清。部分免税商品为 1 公斤酒、200 支香烟、25 支雪茄。海关对食物入关检查十分严格，不允许携带水果和干货。如果不自行清理被查出，最高罚款 1 万澳元。自用商品均免税（不管你佩戴了多少首饰，穿了多少衣服，均不收税），机场的手续费已经包含在机票中。出入境需要对服务生支付小费。

新西兰

特色商品

Karen Walker

World

NO.1

羊皮、羊毛制品

新 西兰有纯净的蓝天白云和清新的空气，草原上的绵羊肥美，皮料韧性强，皮革细腻柔软，容易切割，适合做成各种高级的羊皮制品，如皮衣或者皮鞋，也特别适合制作女性喜爱的皮包。羊毛经过加工后被纺织成毛线，做成内衣或者垫子。羊毛制作的彩色毛线可以在购买后按照客户的要求加工成喜爱的款式。羊毛服装和羊毛披肩都是女性游客特别喜爱的商品，Karen Walker，World等品牌都是著名的羊毛服装品牌。

购买地点 Sylvia Park Auckland, 286 Mt Wellington Highway, Auckland Central, 1644, New Zealand.

联系电话 0064-9-5703777

NO.2

羊脂护肤品

羊 脂护肤品由绵羊脂肪提取加工而成，可以保护皮肤滋润，维持皮肤弹性，延缓肌肤衰老，在风较大、干燥、较冷、昼夜温差大等恶劣环境下使用效果特别好。羊脂制作的护肤品多为霜类和膏状物，携带方便，便于储存，是女性游客乐于购买的商品，无香系列的手霜和面霜，也备受男性游客的喜爱，主要的品牌为 Lanocare（兰侬）和 Parrs（帕氏）。

购买地点 Smith and Caughey's, 261 Queen St, 92117, New Zealand.

联系电话 0064-9-3774770

NO.3

户外运动装备

新 西兰是热爱运动的民族，他们的户外运动十分发达，户外运动装备品种齐全，质量上乘，适合在野外环境下使用。Kathmandu（加德满都）系列的运动健身设备是新西兰的品牌，各种尺寸和类型的服装花色繁多，品种齐全，质量上乘，价钱也很亲民，也有能够在水上或者化学场地下使用的全套设备。露营用具质量很好，在新西兰各地都有品牌专卖店可以购买。Icebreaker，Macpac 都是当地著名的品牌。

购买地点 Kathmandu 专卖店, Cnr Rees & Beach Sts, Queenstown 9300, New Zealand.

联系电话 0064-3-4090880

营业时间 10：00—18：00

网　址 http://www.kathmandu.co.nz

NO.4

三文鱼制品

三文鱼生吃十分新鲜，新西兰很多河流都可以钓鱼，直接生吃味道很鲜美，也有很多养殖的三文鱼可以现场捕捞。新西兰的三文鱼一般不超过7公斤，个头比较小，肉质很细嫩。三文鱼生吃味道最好，但也有三文鱼制作成的酱料和罐头，烤制的三文鱼也有独特的风味，可以放在压缩袋里航空托运。

购买地点 New World Supermarket Port Chalmers, 63 George St, Port Chalmers 9023, New Zealand.

联系电话 0064-3-4728746

NO.5

毛利人工艺品

新西兰原住民毛利人制作的工艺品，如皮包、手包、木雕、面具、家用摆件等，都是游客们乐于购买的商品，贝壳、绳子加工的各种手链、项链也很受欢迎，这些价格优惠、造型独特的装饰品，无论是赠送朋友还是自己使用，都是不错的选择，不要不小心做了"百变女郎"，被亲爱的朋友认不出哦！

购买地点 Otara Leisure Centre, Newbury Street, Otara, 1701.

联系电话 0064-9-2740830

海鲜、烤制小羊腿、红酒、白葡萄酒、海鲜三明治是新西兰人的家常美食，可以去位于奥克兰的维多利亚派克市场、奥克兰的机场免税店和威灵顿的 Kai in the Bay 毛利餐厅品尝。

扫货地点

NO.1 维多利亚市场

位 于奥克兰的维多利亚派克市场是世界上著名的旅游点之一，建于 1857 年，是南半球最大的露天市场，出售各种各样的水果、蔬菜、肉类、玩具、服装和小工艺品，也有一些手工艺人出售自己的手工作品，甚至还有些二手商品。这里不仅有很多本地人进行消费，也吸引了很多的游客前来参观购物。这里夏季还有定期的夜市，已经连续举办了 15 年。

地　址 Victoria Park Market，210 Victoria Street，Auckland，New Zealand.

交　通 乘坐公共巴士到 210 Victoria Street，下车可以看到市场的招牌，步行出站即可。

扫货技巧 市场内出售很多毛利人的小商品，切不可购买给你主动擦窗户的毛利人的商品，不要向主动上门的毛利人问路，主动上门的毛利人可能会强行擦你车窗户或者带路，然后问你要小费。购买商品的时候，最好多选购木雕或者贝壳类商品，新西兰翡翠市场内有不少假货，多是用绿玉伪造的，购买的时候一定要注意。

NO.2 奥克兰机场免税店

奥 克兰机场免税店规模很大，免税店内出售各种各样的服装、羊毛披肩和羊毛做的地毯和护理品。机场内的酒水购买很方便，在此购买后可以立刻办理托运。另外，这里有很多皮革制品和珠宝，澳洲珠宝如蛋白石或者彩色宝石的款式新颖，价格便宜，自己使用或赠送亲人都是不错的选择。

地　址 DFS Custom House 22 Albert Street，Auckland，New Zealand.

交　通 奥克兰机场有定期巴士，可直接浏览网站 www.maxx.co.nz 查询班次，联系电话 0064-9-3666400。空中客车通过 www.airbus.co.nz 网站订票，票价为单程 16 新西兰元，可在机场现金购票。

扫货技巧 机场内的酒水购买很方便，在这里购买后可以立刻办理托运，不妨多买一些。液体化妆品和食品托运也很方便。购买后尽量清理现金，因为新西兰元很难在别的国家使用。如果有数量不少的现金请及时兑换，少量现金可以买一些当地的工艺品做小礼物。羊身上的脂肪制作的护理品保湿性能很好，能够很好地保护皮肤，让皮肤不皲裂，同时保持皮肤的弹性。但是购买时需要看使用说明，有的羊脂护理品需要在寒冷干燥的条件下使用，在温带使用反而油腻。

NO.3 皇后街

皇后街位于奥克兰，街道上各种各样高级的百货公司和现代的廉价旅游用品商店拥挤在一起，街面上行走着大量的淘宝客，这里出售各种各样的服装和珠宝，也出售手表和化妆品，各种特色旅游产品和手工小物件让你爱不释手。你可以尽情地在这里选购奢侈品，也可以在小摊上淘宝，或者什么都不看，只是看着街上的行人，或者仅仅购买街头艺人的服务。如果真的置身其中，你一定不会空手而归。

地　址 4 Fort Street, Auckland, 1010.
交　通 奥克兰交通中心火车站，出口即是。

NO.4 Kirkcaldie&Stains

Kirkcaldie&Stains 百货公司从 1863 年就开始营业，是惠灵顿最著名的百货公司。公司出售澳大利亚顶级羊毛、澳大利亚玉石、深海鱼油、奶粉、羊胎素等特色产品，也出售高级女装、数码产品、黄金珠宝等奢侈品，其时尚程度可以与纽约 Bloomingdale's 和伦敦 Harrod5 等世界级的时尚中心相比。

地　址 Kirkcaldie&Stains, 165-177LambtonQuay, Wellington, New Zealand.
交　通 乘坐公共巴士到 165-177LambtonQuay 街区下车，出站即可看到标志。
联系电话 0064-4-4725899

扫货秘籍

在新西兰购物，相对而言人民币的汇率损失较小，建议直接用银联卡刷卡购物。目前的工资卡、借记卡、信用卡、储蓄卡、准贷记卡均可以在新西兰使用，现在部分商店的自动柜员机已经增加了中文界面，可以自动取款。为了安全，最好不要携带大量的现金。

新西兰的部分商品（如奶粉）是限购的，每人每次购买不超过 4 罐，如果你想要多买一点，需要用你的同伴的护照进行购买。皇后街等地方的高档商品很多，可以选购很多高档的羊皮制品。

值得注意的是，当地出产一种绿玉，价格低廉，毛利人用来做武器，但是现在很多不法商人往往用来做首饰，伪装成新西兰翡翠卖。当地有很多水果卖，味道鲜美，但是水果不能带上飞机，因此最好选择购买水果酱或者果汁。液体商品最好在机场免税店买，购买后可以直接托运上飞机，方便检疫和托运。

毛利人的木雕、披肩和贝壳可以购买，但是羊毛制品的假货比较多，需要自己来鉴别。另外，新西兰很多博物馆、手工商店和艺术品店也出售各种手工艺品，你可以尽情地购买。当地还有一些陶瓷产品，可以多购买一些。新西兰的商品含有 12.5% 的税收，会包含在你购买的商品中，需要你离开的时候用自己的机票办理退税手续。